KB102922

내 PPT, 인포그래픽으로 레벨 업!!

디자인이 예쁘면 잘 만든 PPT일까? 진짜 잘 만들고 싶다!

학창시절부터 직장생활까지 무수히 많은 보고서와 발표 자료 등을 만들면서 거쳐온 시간들은 PPT에 대해 좀 더 깊이 생각해 보는 기회가 되었습니다.

시행착오 끝에 이런 내용은 이렇게, 저런 내용은 저렇게, 표는 이런 스타일로, 다이어그램은 이런 식으로! 깔끔하고, 예쁘게, 내용을 잘 정리할 수 있는 나만의 방식을 하나의 법칙으로 정립해 놓은 자료들이 생겨났고, 내심 뿌듯하기도 했습니다. 하지만 그건 사실 예쁘고 깔끔하게 만드는 것에 맞춰져 있을 뿐, 내 PPT가 정체되어 가고 있다는 것을 느끼게 해주는 순간이기도 했지요.

다시 문제는, 본질에 충실한가?
PPT에 자신감이 붙을 때쯤 찾아오는 본질적인 고민!

결국 좋은 PPT, 잘 만든 PPT를 결정짓는 PPT의 본질은 슬라이드 안에 담겨질 내용을 쉽고, 정확하게 담아내는 것이지요. 디자인은 단지 예쁘고 멋있어 보이기 위해 존재하는 것이 아니라 궁극의 목적을 달성하거나 더 극대화할 수 있는 수단으로 기능해야 한다는 것을 깨닫는 순간, 인포그래픽을 접하게 되었습니다. 그리고 이것이 PPT가 나아가야 할 방향이라는 것을 단번에 체감할 수 있었지요.

우와~ 저렇게도 표현할 수 있구나! 진짜 PPT, 인포그래픽을 찾아낸 희열

지금까지 내가 만들고 보아왔던 여느 PPT와는 다른 형식과 표현방법으로 디자인된 인포그래픽 자료를 처음 보고 저는 설렜습니다. 만들고 싶었고, 저게 진짜 PPT구나 깨달았습니다. 아니, PPT의 수준을 뛰어 넘을 수 있구나, 한계가 없구나 싶었답니다.

디자인과 정보, 두 마리 토끼를 다잡은 인포그래픽으로, 내 PPT 레벨 업!!

우린 보통 예쁘고 멋진 PPT를 잘 만든 PPT라 착각하곤 해요. 그것을 본 청중 역시 이에 속아 넘어가지요. 하지만 내가 이 발표로, 자료로 전해야 할 것이 허상의 분위기일 뿐인 이미지였는지, 아니면 정보였는지를 생각해 본다면 단지 예쁘게만 만드는 것이 결코 좋은 PPT가 될 수 없다는 사실을 금방 깨달을 수 있을 것입니다.
디자인이 아니라 정보를 담은 인포그래픽이 될 때, 내 PPT는 한 단계 레벨 업 될 것입니다.
여러분의 PPT가 그렇게 발전하는데 이 책이 시작이 될 수 있기를 바랍니다.

2020년 가을에
까칠한 조땡, 조현석

추천 댓글

PPT, 인포그래픽의 가려운 곳을 긁어주는 조땡님 대박~

H4

조땡님 자료를 보다 보면 이 PPT가 제가 아는 PPT가 맞나 헷갈려지네요.
파워포인트를 이용한 무한한 활용법, 그리고 자유로운 생각을 통해 만들어지는
신선한 디자인들까지 놀랍습니다.

감성연가

우와~ 대박!! 이라는 감탄 밖에 안 나올 정도로 정말 대단하네요.
PPT 만들기를 두려워하는 저도 열심히 보며 따라하고 배워야겠다는 생각이 듭니다.
제게는 정말 어려운 PPT인데 쉽게 알려주는 것도 진짜 능력이세요.

쿵맨

자료마다 느끼는 거지만 기발하고 깔끔하네요.
결과물을 보면 참 간단해 보이는데 다수는 생각하지 못한 디자인!
한 끗 차이인 듯 보이지만 참 신기하군요.
저도 많이 따라 만들어 보고 연구하다 보면 되겠지요? ^^

Tlsdud0903

솜씨가 장난이 아니시네요! 너무 세련되고 제가 원하는 딱 이상적인 PPT입니다.
파워포인트의 활용은 무궁무진하네요.

Lim3564

항상 신박하고 신선함이 돋보이는 PPT 인포그래픽 자료.
기본 테마만 사용했던 제가 이제는 직접 만들고 있답니다.

라나규리

덕분에 회사 대표님께 센스 있다고 칭찬 받았네요.
자료 만드는 거 조땡님 강의 보면서 했거든요.

Record

피피티를 조금씩 만들다 보면 더 높은 퀄리티로 만들고 싶은 마음이 생기는데, 하지만 그럴 때 포토샵이나 일러스트를 이용해서 새로운 걸 도전하기에는 너무 부담됐었어요. 하지만 조땡님의 PPT 활용은 그 부담과 아쉬움, 가려운 곳을 긁어주고 번쩍하게 해주네요.

Nibace

아이디어가 좋네요. 자료를 보다 보면, "내가 만들 것과 연관지어 이렇게 디자인해도 좋겠구나" 하는 생각이 바로 떠올라요. 디자인도 디자인이지만 생각의 방식과 관점, 아이디어를 얻고 갑니다.

디비밈

어떻게 이런 생각을 하지? 생각하다가도, 이런 생각을 나는 왜 못했지? 나도 할 수 있었던 거였는데 라는 생각을 하게 되네요. 가까운 곳에서, 어렵지 않게 찾고 생각해보는 연습, 내용을 더 쉽게 명확하게 전달할 수 있는 PPT 인포그래픽의 기본이라는 걸 알게 되었네요.

까칠한 조땡의 인포그래픽 디자인

PPT LEVEL UP

고수는 인포그래픽을 만든다 **with 24 cases**

애드앤미디어

들어가는 글
추천 댓글

APPENDIX

인포그래픽 디자인에 도움되는 사이트- 208

나오는 글

인포그래픽(Infographic)에 대한 오해 풀기

인포그래픽, 너는 누구냐?

인포그래픽

'Information (정보) + graphics (그래픽 : 이미지, 그림, 도형, 도표 등의 시각적 자료)'의 합성어 또는 줄임말

사실 사전적 정의를 찾아볼 필요조차 없을 만큼 우리는 일상생활에서 인포그래픽을 나도 모르게 소비하고 있어요. 그 필요성도 충분히 인식하고 있지요. 그럼에도 불구하고 사전 속 정의부터 찾아본 이유는, 제가 이 책을 통해 여러분께 전하려는 것이 기존의 책들과는 조금 다르다는 것을 강조하기 위해서예요. 바로 인포그래픽에 대한 오해와 선입견이 이 정의에서부터 시작한다는 점을 짚고 넘어가려고 해요. 우리는 어떤 오해를 하고 있을까요?

ℹ️ 오해를 풀면, 나도 만들 수 있다.

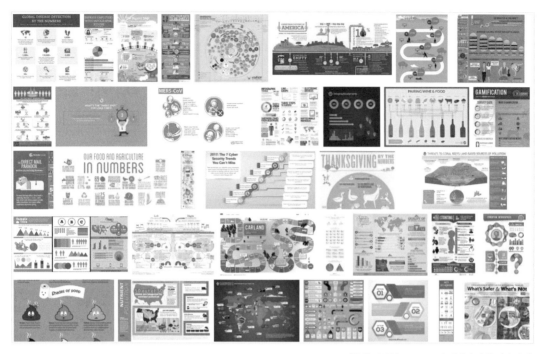

〈출처 : 구글 'infographics' 이미지 검색 결과 캡처〉

'인포그래픽 (Infographics)'하면 떠올리게 되는 이미지들, 예시들이 있을 거예요. 국내 포털 사이트나 구글 등을 통해 세계의 인포그래픽 자료들을 찾아보면 아마 그것들이 우리가 가지고 있는 인포그래픽에 대한 이미지, 선입견과 일치하는 것을 알 수 있습니다.

"만들기 어려워, 복잡해, 수준이 높아, 난 못해..."

이 결론의 이면에는 '정보'라는 말도 어려운데 '그래픽'이라는 관점에서 찾아온 좌절감이 있습니다. 왠지 기술적으로 전문가 수준의 툴을 활용해야 할 것 같고, 만들려면 보통의 PPT하고 다르게 시간이 훨씬 더 오래 걸릴 것이라는 예상을 하게 되는 겁니다. 실제로 인포그래픽에 대한 정보를 찾아보면 찾아볼수록 나오는 예시들은 모두 복잡하고 어려워 보이기만 할 뿐!! 하나같이 넘사벽의 수준과 방식을 취하고 있을 뿐!! 다시 생각해도 "에이~ 저런 걸 내가 어떻게 만들어, 언제 만들고 있어?!" 라는 결론을 내며 포기로 마무리합니다. 분명, 필요성을 느끼는 데도 말이지요.

그런데 정말 인포그래픽은 그렇게 넘사벽일까요? 우리가 보고 있는 이 인포그래픽만이 정답일까요? 왜 꼭 인포그래픽은 그렇게 어렵게만 만들어진 느낌이 들까요? 정말 나는 못 만들 수준의 것일까요?

ⓘ 조땅과 함께 인포그래픽 개념 바로잡기

그럼 여기서 아주 간단한 예시를 보면서 인포그래픽에 대한 개념과 오해를 풀어보고 싶어요.
『우리 몸은 67% 이상이 물로 이루어져 있다. 우리 몸을 구성하는 성분을 무게에 따라 나눠보면
단백질(15%), 지방(13%), 비타민과 무기염류(4%), 탄수화물(1%) 순으로 나타난다.』
위와 같은 텍스트 형식의 정보가 있을 때, 우리가 보통 워드나 엑셀, 파워포인트에서 이를 차트화
시켜 보다 더 시각적 형태로 정보를 정리하는 방식은 다음과 같을 것입니다.

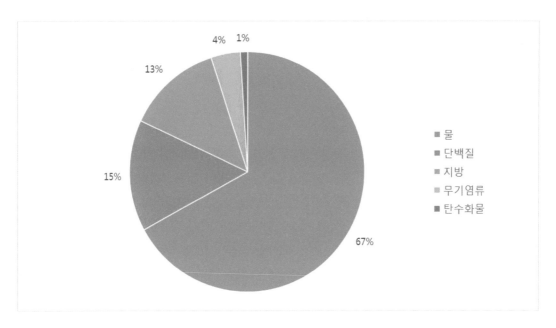

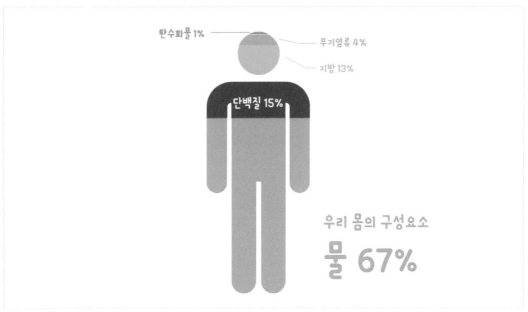

그리고 이 차트에 대한 디자인적 접근과 작업은 색상이나 차트 종류, 크기, 기타 차트 요소와 관련된 것에 집중해 마무리될 것입니다. 이것이 바로 현재, 보통의 우리들이 만드는 PPT이지요.

그럼 PPT 인포그래픽은 어떨까요?

'몸의 구성 요소'라는 주제를 '사람' 형태로 그래픽화하고, 그 안에 데이터와 정보를 담아 그래픽 자체로 정보 전달의 핵심 역할을 하는 것이죠. 이것이 바로 인포그래픽의 가장 기초적이면서도 핵심적인 개념입니다. 텍스트와 차트, 인포그래픽은 결코 다른 것이 아닙니다. 연속선상에서 더 발전된 형태로서 존재한다는 것, 그리고 그래픽을 단지 보여주기 위한 느낌에만 집중하는 것이 아니라 정보 전달의 핵심으로 자리하도록 기획하고 활용한다는 것만 기억하면 각각의 차이와 개념을 확실히 정립하는데 어렵지는 않을 것입니다.

누가 뭐라 해도 인포그래픽의 기본은 정보(Information)

우리가 잊지 않아야 할 것은! 인포그래픽은 정보를 쉽게 효과적으로 전달하기 위한 수단이며, 이를 꾸며주는 것이 그래픽이라는 것. 즉 정보가 우선이고 기본이 되어야 한다는 것입니다. 만약 우리가 정보를 배제하고 그래픽만을 추구한다면 그것은 우리가 인포그래픽을 접하면서 감동하고 만들어 보고 싶고, 또 PPT든 무엇이든 그와 같은 방향성을 갖고 만들어야 한다고 생각했던 바른 가치들이 흔들리는 결과로 이어질 거예요. 인포그래픽 안에 담긴 정보를 얻기 위해 해석하고 연구해야 한다면, 즉 정보 전달이 안 되는 인포그래픽은 그냥 기교를 부린 그래픽일 뿐이라고 생각합니다. 겉멋만 잔뜩 부린 사치에 지나지 않아요.

우린 이미, 아주 가깝게, 무수히 많은 인포그래픽과 만나고 있다

인포그래픽의 형식은 다양하고, 그 범위를 제한할 수 없는 이유는 기본이 '정보'에 있기 때문입니다. '어떤 디자인 툴(Tool)을 쓰고, 어떤 수준으로 만드는가' 하는 '화려함'이 기준이 아니라 '정보를 이해하고 전달하는 데 효과적인가, 그래픽만으로도 내용과 주제를 이해할 수 있는가'가 진짜 인포그래픽의 핵심이기 때문입니다.

다음에 PPT로 간단하게 만들어 본 두 개의 카페 메뉴판이 있습니다. 어떤 것이 이해가 더 잘 되시나요?

쉬워야! 딱 보고 알 수 있어야! 찾고자 하는 정보를
쉽게 찾을 수 있어야! 인포그래픽입니다!!

우리가 일상에서 마주하는 아이콘, 픽토그램, 포스터, 전단지, 메뉴판, 광고판(간판), 로고, 인터넷
포털을 통해 쉽게 접할 수 있는 대부분의 정보들은 비주얼라이징(Visualizing, 시각화)한 인포그래픽
(Infographics) 자료들입니다.

Tall이 무엇이고 Grande가 무엇이며 Venti가 뭔지 모르는 사람도 딱 보고 알 수 있게 하는 것, 차

이를 바로 알게 하는 것, 정보의 해석과 이해에 도움을 주는 것, 그러한 목적을 갖고 만드는 것, 내가 찾고자 하는 정보를 노력하지 않아도 시각적으로 바로 알아볼 수 있도록 도와주는 것, 텍스트로 정리된 정보를 보다 쉽게 이해할 수 있도록 그래픽을 더해주는 것, 그것은 앞에서 말했듯이 화려하거나 특별한 그래픽이 아니라 몇 가지의 아이콘만으로도 충분하지 않나요? 이것이 인포그래픽이라고 생각합니다.

ⓘ 화려하고, 멋있고, 그냥 좀 있어 보이는 것 No!
오직 '정보를 위해 존재하는 것'

우리는 이미 파워포인트를 통해 인포그래픽의 기본을 알고 있어요. 벌써 그런 방식으로 자료를 정리하고 표현하고 있으면서도 자각하지 못하는 것뿐이에요.

그래픽적 요소가 없다고 해서 정보를 해석하지 못하는 것은 아니지만 함께 존재할 때 더 쉬워지는 것이라고 말하고 싶어요. 워드나 한글 프로그램을 통해서도 충분히 만들 수 있고 정리할 수 있는 내용의 보고서, 기획서, 제안서임에도 불구하고 PPT에 다양한 도식과 디자인 요소들을 더해 정리하는 이유는 단순히 프레젠테이션만을 위한 것은 절대 아닐 것입니다.

그것이 전부이고 목적일지라도 그 안에는 "내용을 어떻게 하면 더 쉽고, 재밌게, 효율적이면서도, 효과적으로 전달할 것인가"에 대한 고민과 목적이 담겨 있는 거겠지요. 이것만 봐도 비주얼라이징은 그 목적 달성을 위한 수단이라는 사실을 알 수 있지 않나요?

인포그래픽에 대한 오해, 잘못된 생각들을 휴지통에 버리세요.
그 순간부터 나도 만들 수 있습니다.

아니! 우린 이미 PPT를 통해 인포그래픽을 만드는 과정 중에 있습니다. PPT와 인포그래픽은 별개의 것이 아니라 결국 우리가 추구해야 될 PPT의 최종적인 모습이라는 사실을 기억하면서 보다 더 즐겁게, 재미있게, 쉽게 시작해 볼까요.

1

[인포그래픽의 기본]이 되는
기획과 표현법

[자유 연상] 하나면 누구나 만들 수 있는 PPT 인포그래픽

인포그래픽을 만들기에 앞서 가장 고민이 되는 것은 역시 첫째 '그래픽'이고, 둘째 구체적인 콘셉트를 잡아 나가는 과정입니다. 하지만 제일 문제는 '어떻게' 라는 'Visualizing(시각화)'을 정말이지 '어떻게' 표현할까, PPT 속에 어떻게 담아낼까 핵심이 전혀 그려지지 않아서 시작부터 머리를 쥐어뜯게 된다는 사실이죠. 하지만 의외로 이 문제들은 쉽게 해결할 수 있습니다.

우리가 만들어야 되는 기초 자료, 즉 [무엇]을 만들어야 되는지가 이미 정해져 있기 때문에
그래픽의 방향, 즉 콘셉트는 내가 가지고 있는 그 기초 자료(정보) 속에 있습니다.

우리는 프롤로그에서 인포그래픽을 만드는 이유를 "정보를 보다 더 쉽고, 재밌게, 그리고 이해하기 쉽게 담아내고 전달하기 위해서"라고 살펴보았습니다. 그런데 정작 기획 단계에서 우린 또 다시 이 [정보]라는 기초 자료를 배제하고, [그래픽]부터 생각하는 것 같아요. 다시 말해 아이디어를 얻는 과정에서 [정보]와 [그래픽]을 분리시키는 오류를 또 범하는 거지요. 하지만 해답은 다시 한번 강조하지만 [정보] 속에 있습니다.

꼬리에 꼬리를 물고, 물고 또 연상하자

[자유 연상]은 사실 '브레인스토밍(Brainstorming)'이라는 경영학적 개념과 유사합니다. 다만, 브레인스토밍이 다수와 함께하는, 완전히 새로운 것을 찾기 위한 회의와 토론 과정이라면, 자유 연상은 이보다 훨씬 더 자유롭고 편안한 나 자신만의 상상 혹은 몽상, 그래서 비전문적일 수는 있지만 나를 비롯한 모두가 공감할 수 있는 아이디어를 얻는 방식이라고 할까요? 가장 극단적인 예로, 노래를 하나 들어볼게요.

"사과는 맛있어, 맛있으면 바나나, 바나나는 길어, 길면 기차, 기차는 빨라, 빠르면 비행기, 비행기는 높아~ ♬"

말장난 같고, 인포그래픽 만들기와는 전혀 상관없어 보이지만 [기초 정보 속에서 그래픽의 답을 얻는 과정], [재미, 이해를 돕는 그래픽]이라는 인포그래픽의 목표에 가장 부합하는 접근 방식이자 기획 방법이라 확신합니다.

ⓘ [자유 연상] 과정과 예시

[국내 자동차 제조업체의 시장 점유율]에 대한 인포그래픽 자료를 만들어봅시다.

'자동차' 하면 무엇이 떠오르나요? '시장 점유율' 하면 보통 어떻게 정리하나요? 그냥 생각나는 대로 적어보거나 머릿속으로 떠올려 보세요. 저는 이러한 궁금증을 계속해서 스스로에게 질문하고 답하며 기획을 합니다. 제가 떠올린 자유 연상이 여러분의 것들과 같은지, 다른지를 비교해 보면 인포그래픽 기획이 생각보다 어렵지 않다는 것을 깨닫게 됩니다. 제가 떠올린 것들과 다르다고 해서 틀린 것도 아니고, 그냥 아무 제약 없이 마치 위의 노래처럼 자연스러운 흐름을 타면서 묻고 답하며 떠올리면 되는 것뿐이니까요.

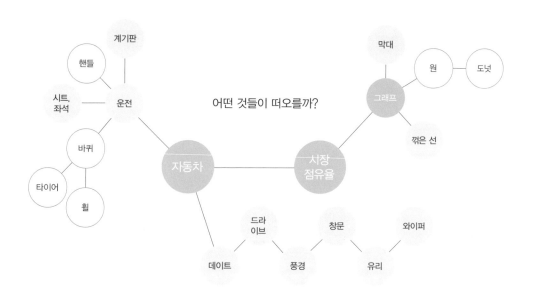

자동차와 시장 점유율, 우리는 이와 연관된 것들을 상당히 많이 떠올려볼 수 있을 거예요. 시작하는 개념과 완전히 다르게 흘러갈 수도 있지만, 연상을 통해 나오는 또 다른 요소들 속에서 공통된, 혹은 상통하는, 대체 가능한 것들을 찾을 수 있게 됩니다.

그래도 어렵게 느껴지나요? 사고의 과정을 정리해 보면 다음과 같습니다.

계속해서 질문을 해보는 거예요. 답하고, 또 질문하고!! 내가 만들어야 하는 것에 대한 [기초 정보]와 [주제]를 아주 명확히 인지한 상태에서 말이지요.

그렇게 하다 보면 어느새 완전히 다른 생각이나 새로운 것들을 떠올리게 되고, 이것이 인포그래픽의 구체적인 디자인 콘셉트가 되는 것을 알게 됩니다. 더 재미있고 쉬운 방식의 다른 표현법을, 아주 자연스럽게 얻을 수 있게 되지요. 내 상식을 깨뜨리고, 내 생각을 확장시키는 결과물일 뿐만 아니라, 단순한 PPT 기본 그래프를 넘어 주제와 기능, 역할이 모두 상통하면서도 비주얼라이징 (Visualizing, 시각화)된 인포그래픽 자료를 '어떻게' 만들 것인가에 대한 해답을 얻게 됩니다.

ⓘ [자유 연상]을 통한 기획은 PPT를 어떻게 변화시킬까요?

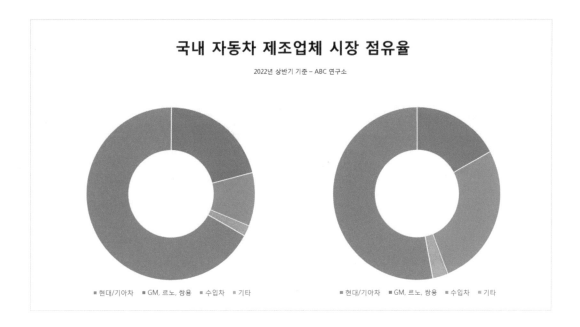

시장 점유율이라는 정보를 정리할 때 원형이나 도넛형 기본 차트를 이용하는 것이 일반적입니다. 사실 좀 지루하죠. 평범한 것은 익숙해서 집중도가 떨어지는 단점이 있지요. 물론 인포그래픽은 내용을 시각적으로 정리하는 것이기에 이 자체가 잘못되었다고 얘기하는 것은 아닙니다. 또 목적이 무엇이고, 어디에 어떠한 방식으로 자료를 활용할 것인가에 따라 기본 차트가 더 유리할 수도 있고요. 따라서 그 자료가 보여질 장소, 대상, 주제에 따라 선택적으로 작업할 필요가 있습니다.

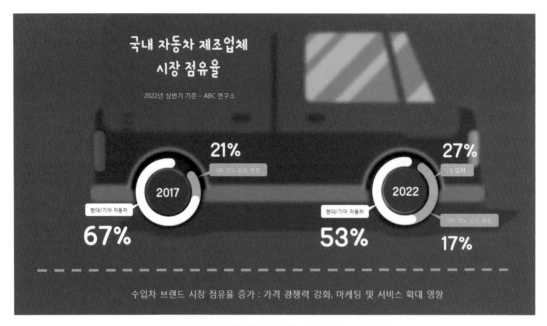

〈자동차 타이어에 원형 차트를 담아본 인포그래픽〉

[자유 연상]을 통해 구체화된 콘셉트는 아주 단순했던 차트와 정보 표현에 다양성을 확보해주고,
이미지 등의 시각 자료와 어우러져 재미와 관심, 집중을 유도합니다.

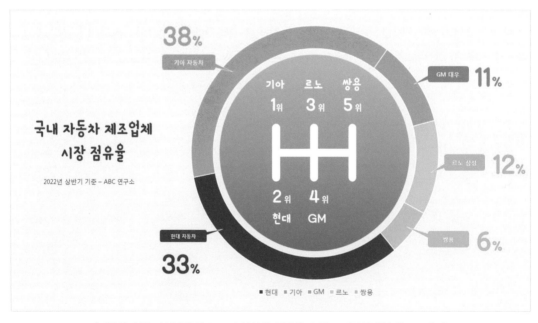

〈자동차 수동 기어봉의 단수 표기 부분을 점유율 순위로 재구성해본 인포그래픽〉

앞에서 살펴본 자유 연상 과정을 통해 제시되었던 콘셉트 외에도 추가적으로 떠올려 본 것이 바로 기어봉이었어요. 요즘은 별로 없지만 과거에는 대부분의 차량이 수동이었기에 친숙했던 기어봉의 단수 표기를 차용해 인포그래픽을 만들어 보았습니다. 순위, 숫자, 그리고 여기서도 역시나 원!! 그것에서 또 다시 파생시켜 본다면 단순히 형태적인 부분에서뿐만 아니라 그 연상을 통해 떠올린 어떤 사물이 갖고 있는 특징 속에서도 인포그래픽의 표현 방식을 구체화시킬 수 있고, 기본 차트와 함께 표현해보아도 좋을 거예요. 수동 기어의 1단부터 5단까지 표기된 기어봉 특유의 모습에 시장 점유율의 각 업체별 순위를 담아본 시안처럼 말입니다.

우리가 인포그래픽을 만들어야 하는 분명한 Needs와 목표가 있어도 쉽게 시작하지 못하는 이유는, 결국 '그래픽' 이라는 단어가 전문가적인 기술과 표현 기법을 요구하지 않을까? 하는 생각 때문일 겁니다.

여기에 처음부터 끝까지 모든 것을 내가 직접 만들어야 한다는 부담감은 시간적으로나 작업 효율적인 면에서나 떨어진다는 결론을 내리게 되고요. 하지만 그것이 선입견에 불과하다는 것은 우리가 이미 만들고 있는 PPT 디자인들이 입증하고 있지 않나요?

ⓘ 기본에 '콘셉트'라는 옷을 입히자

PPT를 '잘 만들고 싶다'는 욕구와 '왜 내가 만들면 안 예쁠까'라는 궁금증에 대해 저의 첫 번째 책 『까칠한 조땡의 파워포인트 디자인』을 통해 알아본 바 있습니다.

PPT 기획과 디자인 방식에 대한 제 나름의 팁과 디자인 예시들을 통해 PPT 디자인의 차이는 결코 다른 데 있는 것이 아니라 기본에 기초한, 디테일과 기획의 차이라는 것을 살펴보았습니다.

인포그래픽 디자인도 마찬가지입니다. 어떤 특별한 기술을 요하는 것도 아니고, PPT 프로그램 외에 포토샵이나 일러스트 등의 디자인 툴을 다룰 필요도 없고, 그렇다고 해서 하나부터 열까지 모든 디자인 소스들을 PPT에서 직접 만들어야 할 필요도 없다는 것을 앞으로 알아보려 해요. 중요한 것, 잊지 말아야 할 것, 고민해야 할 것은 디자인 툴이 아니라 접근법이고 기획이라는 사실을 꼭 명심하면서요.

기본 차트에 그래픽을, 콘셉트를 더해보자

"PPT와 인포그래픽은 다른 것인가? 다른 표현법을 갖고 있는가?" 묻는다면 제 답은 "그렇지 않습니다"라고 말하고 싶어요. 워드 파일처럼 내용을 텍스트 형태로 나열하던 방식이 PPT를 만나면서 비주얼라이징하는 작업으로 진화되고, 좀 더 나아가 그래프, 다이어그램 등을 통해 구체화되고 정리되었다고 할까요. PPT가 기본 학습이라면 인포그래픽은 PPT의 심화 과정이라고 이해하면 될 것 같아요. 조금 더 시각적인 표현을 강화하는 것일 뿐 만드는 방법이나 기획 방식 모두 크게 다르지 않습니다.

"기본을 버리는 것이 아니라, 기본에 살을 붙이는 인포그래픽"

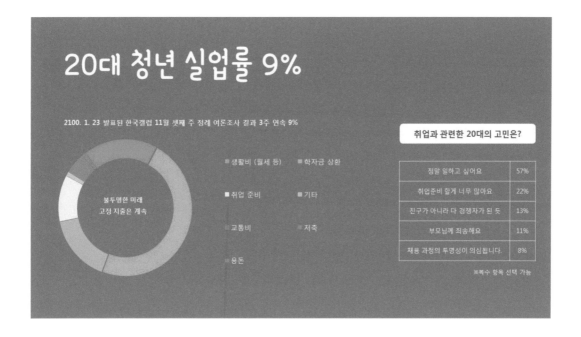

우리가 그동안 만들어온 보통의 PPT는 사실 텍스트화된 정보를 슬라이드로 가지고 온 정도일 거예요. 또는 표로 정리된 데이터들을 그래프로 풀어내는 단순한 비주얼라이징 작업 정도이겠지요.

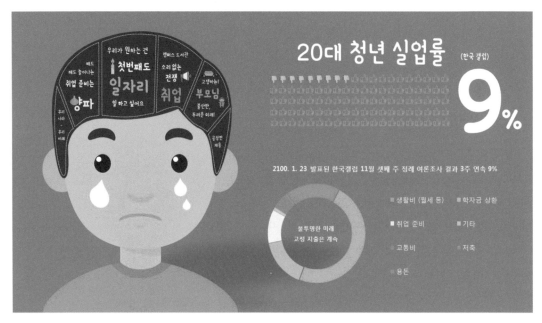

〈인포그래픽은 차트가 전하지 못하는 주제의 내용, 감정을 사람 아이콘의 모습으로 전달할 수 있습니다.〉

그렇다면 인포그래픽은 어떤 차이가 있을까요?

1차적으로는 위 시안의 내용 중 '20대 청년 실업률 9%'와 같이 시각적으로 전달할 수 있는 내용들에 대해서는 그래픽화 하는 작업을 거치는 겁니다. 그리고 나아가서는 내용을 대표할 수 있는 그래픽을 우리가 만들어 오던 PPT의 구성에 더하는 것이지요.

그것이 대단한 것을 활용하는 것이 아니라 누구나 쉽게 얻을 수 있는 무료 아이콘, 이미지이면 충분하고요. 이에 대한 구체적 방법은 Chapter 2.에서 알아보도록 하겠습니다.

"결국 인포그래픽의 표현법은 액세서리와 같아요. 없어도 상관없지만 있으면 더욱 돋보이는 것"

다음에 예시로 다룰 인포그래픽 자료와 관련해 스마트폰과 손목시계에 대한 얘기를 해보고 싶어요. 핸드폰이 대중화되면서 손목시계의 자리는 줄어든 것이 사실이고, 우리는 언젠가는 그것이 영영 사라지지 않을까 예상했지요. 굳이 시간을 확인할 수 있는 두 개의 아이템을 모두 갖고 다닐 필요가 없으니까요. 하지만 손목시계 시장은 줄어들지 않았고, 오히려 그 자리를 위협했던 스마트폰의 새로운 기술들과 만나 새로운 편익과 결과물을 만들어 내는 도구로 발전했습니다. 이제는 핸드폰을 가방 속에 넣어두고 손목시계로 모든 것을 컨트롤하는 상황으로 역전되었지요. 오히려 손목시계가 없으면 허전하고 불편할 정도로요.

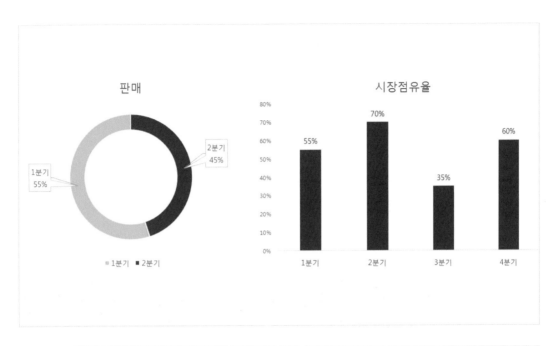

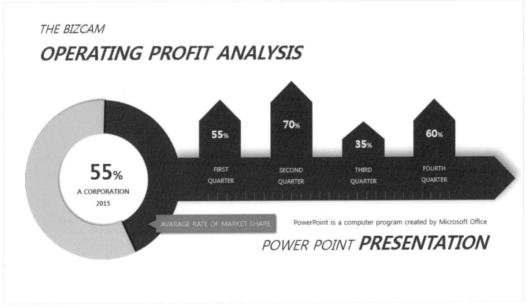

〈원형 그래프와 막대 그래프의 만남은 열쇠라는 그래픽 콘셉트를 스스로 만들어냈습니다〉

왜 이런 얘기를 꺼냈을까요? 인포그래픽은 따로따로 하나씩 구성해야 될 정보들을 하나로 묶어 주는 역할을 하는, 그런 디자인과 표현이 가능하기 때문입니다.

스마트폰이 나오면서 더 이상 손목시계가 필요 없다고 생각했던 것처럼 인포그래픽이라는 발전된 디자인 방식이 PPT의 기본 차트나 표현 방식을 대체할 수 있으니 필요 없지 않을까 생각할 수도 있습니다. 하지만 스마트 워치로 재탄생한 손목시계가 스마트폰을 만나 컨트롤이 더 용이한 도구로 재탄생한 것처럼, 인포그래픽 또한 무엇을 대체하는 것이 아니라 더 유익하게 원원하는 도구라는 것을 기억해야 할 것 같아요.

"인포그래픽의 디자인 방식, 배경을 강화하고 PPT의 기본을 담는다"

인포그래픽은 PPT를 기준으로 생각할 때 배경의 관점에서 접근하면 가장 쉽게 디자인할 수 있습니다. 배경은 주제에 대한 기획이나, 앞서 우리가 알아본 자유 연상이라는 과정을 통해 떠올리게 되는 구체적인 상황이나 행동, 사물, 장소 등이 될 것입니다. 이렇게 추가, 강화된 배경은 그 자체로 주제를 담고 있을 뿐만 아니라 내용을 강화시켜 줍니다.

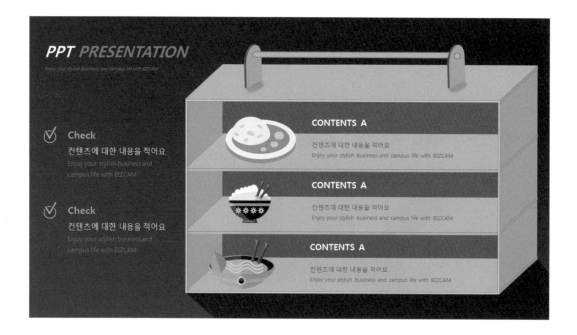

차트의 기본 개념과 형태만 기억하고 모두 다 바꾸자

"왜 그래프는 다 동그랗거나 선, 사각형과 같은 박스여야만 할까?"

차트 기능만 할 수 있다면, 주제 속 대상 중에서 그런 것이 있다면 차트화하면 되지 않을까요?

[예시1] 소주병 뚜껑에서 찾은 원형 차트의 형태. 소주병에 담긴 양을 통해 데이터를 표현할 수 있습니다.

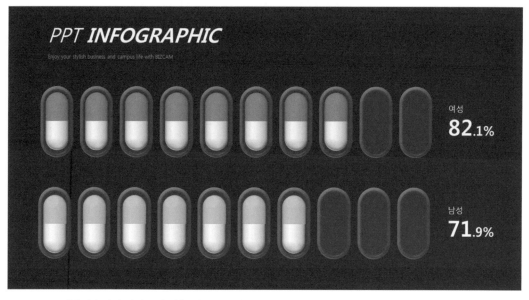

[예시2] 알약 케이스와 남은 개수를 통해 의료관련 주제의 인포그래픽을 만들 수 있습니다.

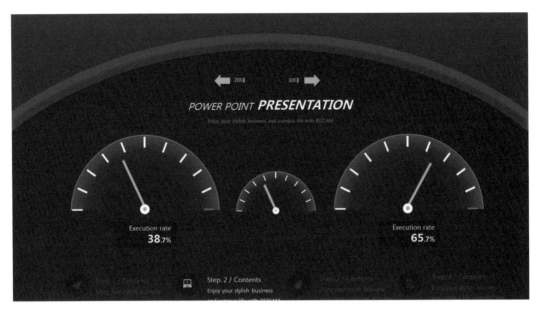

[예시3] 자동차 계기판은 원형 차트의 성격을 담고 있습니다.

"차트만 그럴까? 다이어그램, 배경은 왜 다 그저 그래야 돼?"

이도 역시 콘셉트를 찾고, 주제를 담아내는 것만으로도 달라지지 않을까요? 배경, 다이어그램, 레이블의 자격은 역할에 있는 것이지 형태에 있는 게 아니니까요.

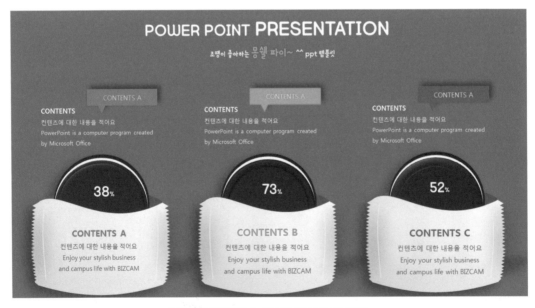

[예시1] 파이 형태를 다이어그램화한 자료예요.

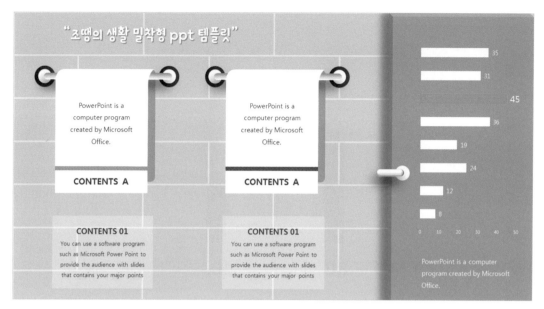

[예시2] 일상 속에서 찾을 수 있는 그래픽적 요소 - 인포그래픽의 레이블이 되고 배경이 될 수 있어요.

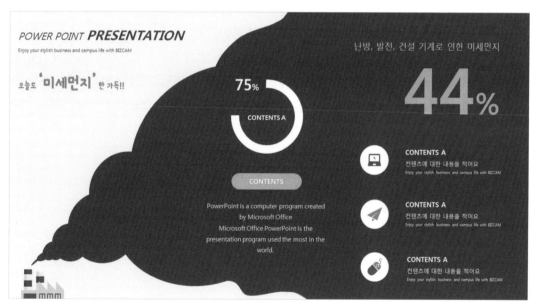

[예시3] 정보 자체의 그래픽화가 어렵다면 배경으로 그래픽을 강화하고 주제를 담을 수 있습니다.

"PPT에서 제공하는 그래픽 효과 기능을 강화하고 적극 활용하기"

꼭 그림이나 이미지만 인포그래픽이라 할 수 있는 걸까요? 그 표현 방식밖에는 없는 걸까요? 이 것 또한 오해이자 선입견으로, 인포그래픽을 어렵게 만드는 이유일 것입니다.

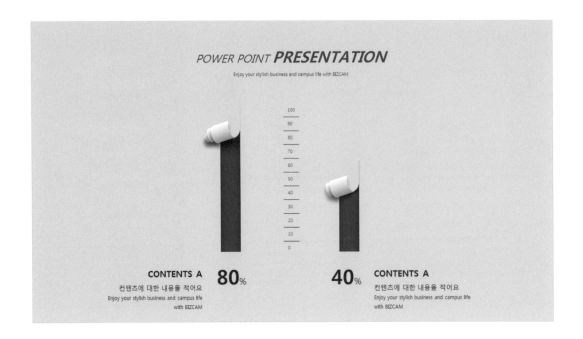

PPT에서 기본적으로 제공하고 있는 꾸밈 효과들 즉 그림자, 채우기(그라데이션), 3차원 서식, 네온과 반사, 부드러운 가장자리 등과 더불어 디자인의 기본이라 할 수 있는 색과 크기, 배치, 글씨 폰트 하나까지도 모두 인포그래픽의 기본 표현 방법이 될 수 있습니다. 아니! 사실 그런 효과도 필요 없이 기본 도형들이 갖고 있는 특징만 이용해도 충분하기도 해요. 위의 예시처럼 [순서도 : 저장 데이터] 도형으로 말려진 종이를 표현할 수 있는 것처럼 말이에요. 결국 모든 인포그래픽 디자인은 PPT의 기초 기능을 기반으로 만들 수 있습니다.

가장 기초적이면서도 핵심이 되는 그래픽은 결국 이미지와 컬러

인포그래픽 자료에 꼭 들어가는 차트들, PPT에서 쉽고 편하게 삽입할 수 있는 막대, 선형·원형 그래프 등을 만들 때 우리는 왜 단색만 쓰거나 아님, 그냥 아무 색상만 칠하고 마는 걸까요?

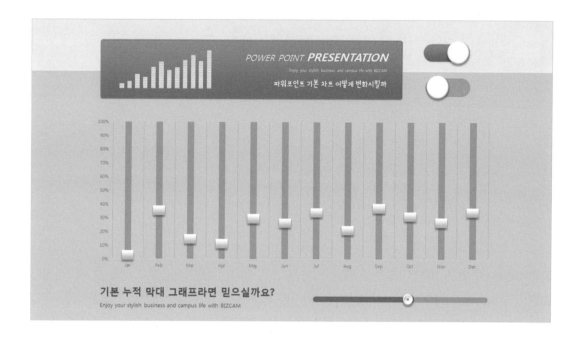

여기에도 앞에서 말했듯이 밋밋한 단색이 아니라 그라데이션을, 나아가 이미지로 채워보면 그것이 인포그래픽이 되는데 말입니다. 시각적, 그래픽적 요소를 기본에 담아내는 것만으로도 인포그래픽이 될 수 있습니다.

P 4. 아이콘, 이미지, 도형의 활용 ▶▶▶

자유 연상을 통해 기획한 콘셉트 속에서 같은 기능,
의미, 모양을 갖는 것을 찾고 활용하자

표현 방법은 아이콘, 이미지, 도형을 통한 디자인 어떤 것이든 상관없습니다. 저의 첫 책『까칠한 조땡의 파워포인트 디자인』에서 PPT 디자인의 기본과 기획의 중요성에 대해서 언급한 내용이 있는데, 거기에 소개된 많은 디자인 자료들을 보면, 인포그래픽과 별반 다르지 않음을 확인할 수 있습니다. 이유는 결과물에서도, 과정에서도 기획과 자유 연상이 언제나 함께하고, 중요한 위치에 존재하기 때문입니다.

아이콘, 도형의 활용

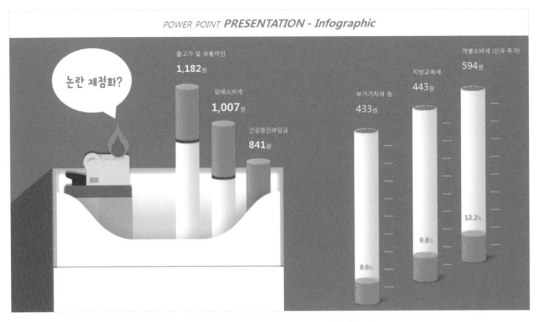

[예시] 담뱃값을 주제로 한 인포그래픽 만들기

"같은 모양, 기능을 할 수 있는 대상을 주제 속에서 찾는다!!"

이것이 인포그래픽의 기획과 디자인에 핵심이 되는 방법입니다. 앞에서 살펴봤듯이 우리가 어떤 주제와 관련해서 구체적인 대상들(사물, 장소 등)을 떠올려볼 때, 그렇게 그래픽의 대상을 찾는 과정에서 서로 비슷한 모양에 같은 기능을 할 수 있는 것이 있으면 인포그래픽을 만들기에 아주 쉬워집니다.

본 예시처럼 담배를 주제로 한 인포그래픽이라면, 길쭉한 막대 그래프가 담배 모양을 대체할 수 있을 것이고, 이 때 필요한 것은 [PPT 기본 도형인 원통], 그리고 [라이터 아이콘] 자료뿐입니다.

[예시1]과 같이 접근해보면 거의 모든 주제 속에서 그런 기능과 역할을 하면서, 모양을 대체할 수 있는 것들을 찾을 수 있게 됩니다.

[예시2] 라면이나 국수에서 찾아보는 그래프의 모양

면을 집어 든 젓가락에서 답을 찾아볼까요? 면이 아니라 그릇에 담긴 라면 국물의 양에 따라서도 어떤 데이터나 정보를 시각적으로 표현해 낼 수 있지 않을까요? 그릇은 아이콘으로, 젓가락과 면 그리고 돋보기 등은 모두 사다리꼴, 물결, 원형 도형으로 만들 수 있는 그래픽들입니다. 아니, 그 역시도 아이콘으로 금방 해결할 수 있는 요소들일 뿐이고요.

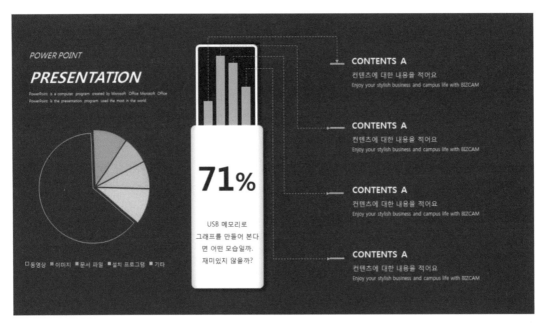

[예시3] 도형과 PPT 기본 차트의 결합으로 USB 저장 장치를 인포그래픽으로 만들기

주변을 둘러보면 차트, 다이어그램, 레이블의 역할을 할 수 있는 다양한 소스들이 존재합니다. 그것들이 결국 형태를 기본으로 재해석되어, 단순한 원이나 사각형이 아니라 우리에게 친숙한, 또는 주제 속 대상으로 구체화(시각화)될 때, 인포그래픽은 아주 쉽게 완성될 수 있는데요. USB 저장 장치 특유의 접촉부 모습에서 세로형 막대 그래프를 떠올려 보세요.

[예시4-1] 대상이 갖고 있는 특성에 역할 부여하기

앞의 예시들이 모두 형태에 집중한 표현 방식이었다면, 이번에는 대상의 특성에 새로운 역할과 의미를 부여해 보는 방식으로 디자인해 볼게요. 옷 중에는 그라데이션으로 채색된 것들을 쉽게 접할 수 있지요. 그라데이션의 정도, 옷의 전체 면적 중 어느 위치까지 메인 컬러가 채워졌는가에 따라 데이터의 정도를 표현할 수 있지 않을까요? 티셔츠 전체를 파란색으로 채우면 100%, 그라데이션의 중지점 기능을 이용해 파란색이 채워진 위치를 변경하면 50%, 38% 등 각각의 값들을 시각적으로 보여줄 수 있습니다.

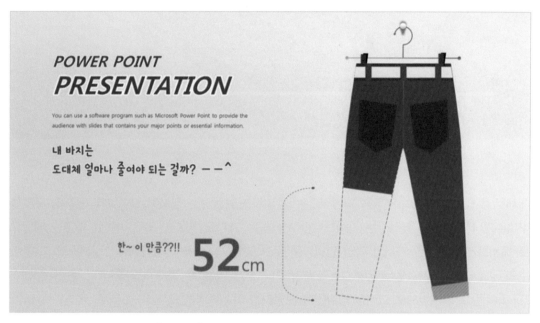

[예시4-2] 대상이 갖고 있는 특성에 역할 부여하기

같은 개념으로 바지를 롤업해 입는 방식에 역할을 부여해볼 수도 있습니다. EPS 파일 형식으로 다운받을 수 있는 수많은 아이콘 파일들은 PPT내에서 도형으로 인식되기에 포토샵도, 일러스트도 필요하지 않습니다. 오직 PPT만으로도 가능한 인포그래픽 만들기! 본 예시를 포함한 다양한 예시들을 다음 Chapter에서 만들어 볼게요.

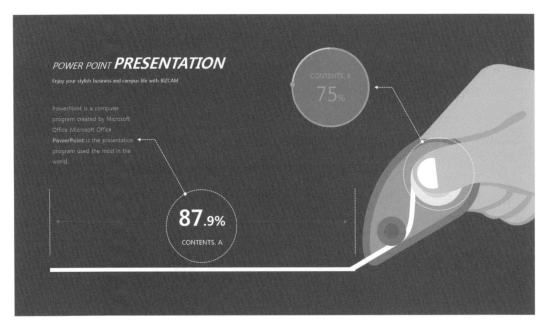

[예시5] 아이콘 자체로 인포그래픽 완성하기

대체로 우리는 아이콘의 역할을 제한적으로 생각하고 활용하는 경향이 있습니다. 단순히 무엇을 꾸며주거나 포인트를 살려주는 목적으로만 사용하는 거지요. 하지만 EPS 아이콘 파일은 메인으로 배치하기에 충분한 가치와 작업 편의성을 갖고 있습니다. 여기에 컬러화된, 일러스트 그림 수준의 무료 아이콘 자료들은 인포그래픽을 누구나 쉽게 만들 수 있게 도와줍니다. [손, 수정테이프] 아이콘 두 가지만으로 그래픽 디자인을 완성시킨 이 예시처럼요.

이미지 활용

최근 인터넷, SNS 등을 하다 보면 자주 접하게 되는 카드 뉴스, 많이들 보시죠? 이것도 인포그래픽의 한 종류라고 할 수 있고, 앞으로 우리가 나아가야 할 방향을 알 수 있게 합니다. 바로 이미지를 적극 활용하는 카드 뉴스의 개념과 방식 말입니다. 아이콘이나 도형을 이용하는 표현방식에서 벗어나 이미지와 연계해 정보를 담아내는 것인데 누구나 아주 손쉽게 인포그래픽을 만들 수 있게 도와주는 기법입니다.

"이미지 속에 담긴 피사체의 특성에 정보를 녹여내고 구성하자!"

맨날 똑같은 다이어그램이 지루하다면, 혹은 도형으로만 표현하는 것이 어렵다면, 과감하게 버릴 수도 있지 않을까요? 다이어그램에서 자주 보게 되는 뾰족한 레이블과 말풍선 같은 것들이 혹시 사진을 통해서 대체될 수 있지는 않을까요? 이미지가 갖고 있는 감성과 느낌, 퀄리티는 곧 인포 그래픽의 그것으로 쉽게 이어질 수 있을 것입니다.

ⓘ 만화책이 그냥 책보다 재밌고 소화가 잘 되는 이유?

텍스트, 소화가 잘 되는 인포그래픽 만들기 - 스토리텔링

많은 사람들이 소설을 좋아하고 재미있어 하는 이유는, 읽으면서 이야기 속 상황과 내용을 자신만의 스타일로 상상하고 해석하고 공감하기 때문이지요. 하지만 구체적인 사실과 자료를 담은 '정보'는 직관적으로 제시하고 전달해야 합니다. 요즘처럼 노출되는 정보의 양이 엄청난 시대에는 더더욱 쉽게 이해할 수 있고, 바로 확인 가능하며, 눈길을 사로잡을 수 있는 형식의 자료들이 필요하게 되었습니다. 인포그래픽이 더욱 관심을 받게 된 이유 또한 여기서 찾을 수 있을 것입니다. 그렇다면 인포그래픽이 소설처럼 독자나 청중이 상상해야 하는 과정을 대신해 주면 어떨까요? 거기에 누구나 공감할 수 있는 그래픽이 더해진다면 훨씬 더 흥미롭고 재미있지 않을까요?

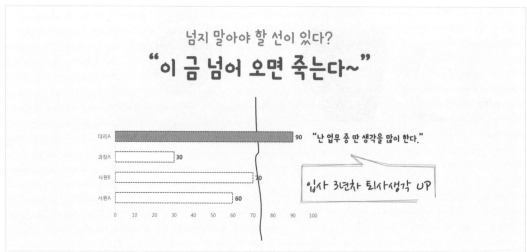

[예시1] 단순한 말풍선이나 텍스트의 나열이 아닌, 상황을 그려낸 인포그래픽

Chapter I. [인포그래픽의 기본]이 되는 기획과 표현법

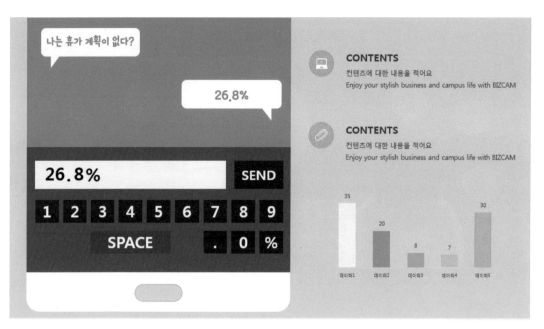

[예시2] SNS 톡 문답을 통해 내용을 강조하는 인포그래픽

[예시3] 사람, 말풍선 아이콘을 활용해 재미를 더하는 인포그래픽

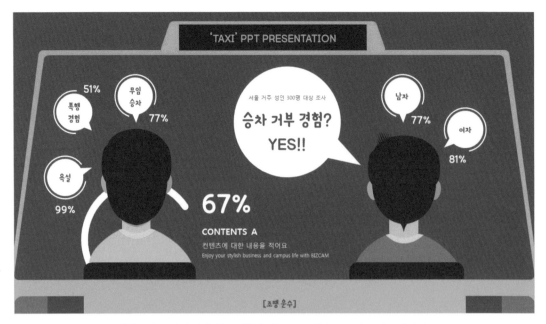

[예시4] 주제에 해당하는 상황과 장소를 그래픽으로 담아보는 디자인

ⓘ 우리가 알아본 인포그래픽 표현법

다양한 관점, 복잡한 과정을 거친 것 같지만 PPT 인포그래픽의 디자인 방식과 표현법은 단 하나의 문장으로 정리할 수 있습니다.

"새로운 것을 만드는 것이 아니라, 그냥 더하는 것뿐이다."
그 '더하기'는 시각화할 수 있는 소스인 이미지, 아이콘, 도형이기도 하고,
그냥도 쓰고 있는 차트나 도형, 기타 효과 옵션 등 PPT의 기본 구성 개체와 기능들이기도 하며,
자유 연상을 통해 떠올린 구체화된 대상(그래픽의 콘셉트), 기획이기도 할 것입니다.
이 3가지를 조합하는 것, 서로 더하고 뭉쳐보면 그 자료는 인포그래픽이 되어 있을 거예요.

이미 모두 알고 있는 것임에도 불구하고 우리가 지금까지 만들어온 PPT들이 인포그래픽의 성격을 갖지 못했던 이유는, 그것을 모두 각각 별개의 것으로만 활용했기 때문이 아닐까요? 다시 한 번 말씀드리지만, 인포그래픽 만들기? 결코 어렵지 않습니다!!

2 [인포그래픽 만들기] 전문적 기술 따윈 필요 없다

"구체적인 콘셉트만 정하자, 나머지는 걱정 없어요~"

지금까지의 책 내용을 읽어보면서 아마 이런 생각을 떠올리는 분들이 분명 계실 거예요. "나도 알아~!! 어떤 게 인포그래픽인지는 나도 안다고!! 문제는 내가 그런 그래픽을 못 만들겠다는 거야!!" 그런데 저는 왜 그러한 다수의 반응이 예상됨에도 불구하고 그 많은 페이지를 할애해 원론적인 얘기들을 또 했던 것일까요.

첫 번째는 인포그래픽이 〈절대 만들기 어려운 것이 아니라는 것〉을 전하고 싶었고, 두 번째는 〈전혀 다르거나 새로운 것이 아니라는 것〉과 〈발상의 전환, 기획이 함께할 때 누구나 충분히 만들 수 있다는 것〉을 강조하고 싶었기 때문입니다. 마지막으로 우리가 지레 겁먹을 만큼 〈인포그래픽은 전문가적인 프로그램이나 기술을 요하지 않기 때문〉이고, 〈PPT만 다룰 줄 알면 누구나 그래픽 작업을 할 수 있기 때문〉입니다.

기술이 중요한 것이 아니라 기획의 과정이 더 중요하고 필요한 까닭! 지금부터 이어질 기술적 방법들을 보신다면 아마 바로 이해가 될 것이라 확신합니다.

"그래픽? 아이콘과 이미지를 활용하면 걱정 끝!"

내가 기획하고 콘셉트를 정한 대상이 이미 그래픽 자료로 만들어져 있어서 그대로 가져와 자유롭게 쓸 수 있고 또 원하는 대로 변형까지 가능하다면 금상첨화겠지요. 그런 곳이 있습니다!

플랫아이콘(www.flaticon.com)이라는 무료 아이콘 사이트입니다. 약 60만 개 이상의 무료 아이콘 자료들을 자유롭게 다운로드 및 활용 가능하게 되어 있어 인포그래픽 작업에 대한 수고를 덜어주는 것은 물론, 그 자료로 바로 디자인 작업을 완성할 수 있게 도와줍니다.

특히 제공되는 파일 형식이 PNG 이미지뿐만 아니라 일러스트와 PPT에서도 이용할 수 있는 EPS 파일 형식, 그리고 포토샵을 위한 PSD까지 다양한 형식으로 제공하고 있어 작업자에게 상당히 유용한 자료 공간이라 할 수 있습니다.

ⓘ PNG, EPS 아이콘 파일의 활용법

[예시1] PNG 아이콘 이미지를 활용한 인포그래픽

우선 첫 번째로 Chapter1. [자유 연상]을 통한 기획 과정에 소개한 [자동차 시장 점유율] 인포그래픽의 작업 과정을 보면서 우리가 그래픽 작업을 할 필요조차 없도록 기존의 아이콘 자료들이 얼마나 큰 도움을 주는지 알아볼게요.

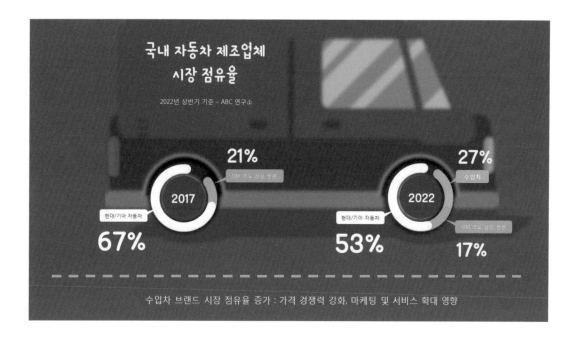

완성된 시안만 보면 자동차를 일러스트로 그려야 할 것 같은 생각이 들지요? 하지만 앞서 말했듯이 우리에게는 아이콘이나 이미지 자료들이 있고, 이들은 무료 콘텐츠로서 쉽게 찾아 쓸 수 있는데요. 흑백뿐만 아니라 컬러 자료들이 많아졌다는 것은 우리가 일러스트나 포토샵과 같은 전문가용 디자인 툴을 사용할 필요가 없음을 깨닫게 해줍니다.

① 기획을 끝냈다면 무료 사이트에서 검색만 하자

플랫아이콘(www.flaticon.com)에서 필요한 그래픽 이미지를 검색해 보세요. 특히 컬러로 디자인된 자료는 작업의 효율성을 높여줄 뿐만 아니라, 완성도와 퀄리티 모두 나의 그래픽 실력과 상관없이 상승시켜 줄 것입니다.

PPT 인포그래픽 디자인 작업에 활용할 수 있는 파일 형식은 PNG, EPS 형식인데요. 찾은 아이콘에서 큰 변화를 주지 않을 계획이거나, 이 장의 마지막에서 자세히 설명하겠지만 PPT 슬라이드 삽입을 위해 거쳐야 하는 wmf/emf(확장 윈도우 메타파일) 형식으로의 변환 과정이 불편하거나 비효율적이라 생각한다면 본 예시와 같이 PNG 이미지로 다운받으셔도 상관없습니다.

② 필요하지 않은 부분은 [자르기] 기능을 활용해 잘라내 주세요

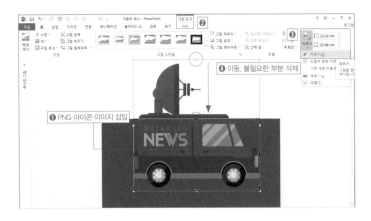

PNG 형식의 경우, 각각의 조각들로 분리되는 EPS와 달리 불필요한 부분을 전체적으로 잘라내는데 있어서는 유리하고 편리한 장점을 갖고 있습니다.

③ 가릴 부분이 있다면, [도형]을 [스포이트] 기능을 활용해 채색하고 겹쳐서 배치해봅니다

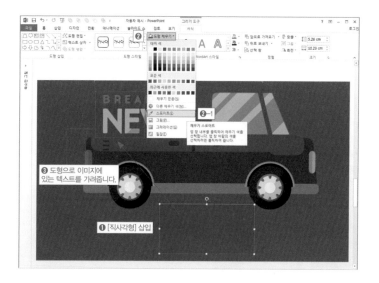

PNG 형식의 아이콘을 활용할 경우, 원본 아이콘 디자인에 따라 필요하지 않은 부분이 생길 수 있는데 어렵게 생각하지 마세요. 그냥 해당 부분과 동일한 색상의 도형으로 가려주는, 효율적인 방식을 택하세요. EPS 파일의 경우, 불필요한 개체만을 선택해 삭제할 수 있지만 PNG 형식을 활용하기로 한 것은 어차피 조금 더 쉽게 그래픽 작업을 진행하기 위해서니까요.

④ 정보(차트나 텍스트)의 표현과 디자인을 직접 만들어 보세요

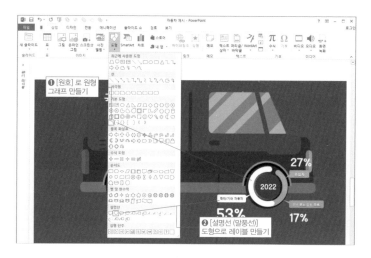

PPT 기본 차트를 삽입하고 배치해줘도 상관없지만, 1권 『까칠한 조땡의 파워포인트 디자인』에서도 강조했듯이 부지런해야 PPT는 예뻐지고 특별해질 수 있습니다. 그 부지런함은 기본 도형인

[원호], [설명선]을 삽입해 차트화시키고, 레이블을 만들어주는 정도입니다. 어쩌면 기본 차트를 삽입하는데 투입되는 시간이나 노력보다 때론 더 효율적일 수 있을 거예요.

⑤ PPT에서 제공하는 그래픽적인 효과 기능을 활용해 보세요

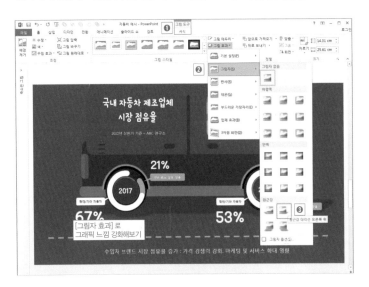

[그림자 효과]의 유무! 기타 세부적인 수정 및 디자인 작업이 불가능한 PNG 형식의 아이콘을 활용하더라도 이 단 하나의 PPT 디자인 효과만으로도 충분히 달라질 것입니다.

[예시2] EPS 아이콘을 활용한 인포그래픽 디자인

개인적으로 EPS 아이콘 활용을 더 권해드리는 이유는 필요한 부분만을 선택적으로 사용할 수 있을 뿐만 아니라, 모든 측면에서 PPT 디자인의 기법과 기능, 효과를 활용할 수 있기 때문입니다.

두 번째 예시를 통해 동일한 작업 과정과 방법이라도 EPS 파일 형식의 아이콘이 인포그래픽 디자인에 어떤 장점이 있는지, 어떻게 도움을 주고 그래픽 디자인에 대한 부담을 덜어주는지, 왜 일러스트나 포토샵이 필요 없는지 확인해 보도록 할게요.

① PNG 이미지 파일이 아닌 EPS 파일을 다운로드 해보세요

파일 다운로드 후, 하단의 [EPS 아이콘 파일 PPT 삽입 방법]을 통해 PPT 슬라이드에 삽입 가능한 파일 형식인 wmf/emf 파일로 변환시켜 주세요.

② EPS 파일이 갖는 특징은 바로 분리, 도형

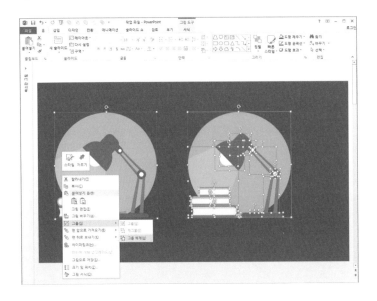

그룹해제를 2회 진행하게 되면 기존 이미지 형식인 PNG나 JPG와는 다르게 아이콘의 형태를 구성하고 있던 각각의 모양들이 다 분리되는 것을 확인할 수 있어요. 또 한 가지 차이는 이것이 단지 분리되는 것으로 끝나는 것이 아니라 PPT에서 도형으로 삽입되고, 인식되는 것에 있습니다.

③ 하나의 특이한 형태를 갖는 도형인 EPS 아이콘

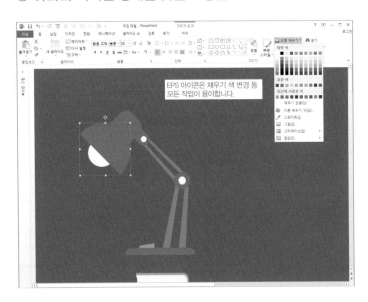

도형은 곧 PPT에서 도형에 적용할 수 있는 모든 기능들을 활용할 수 있다는 것을 의미하겠지요? 색상은 기본이고 그림자, 점 편집을 통해 형태 변형, 셰이프 기능까지 가능합니다. 이렇게 수정 작업이 가능하다는 것은 아이콘을 통해 우리가 미처 상상하고 그려내지 못했던 인포그래픽의 그래픽 작업에 대한 고민을 단번에 해결해주는 것뿐만 아니라, 나의 아이디어에 따라 원하는 대로 수정하고 조합하며 디자인할 수 있다는 것을 의미합니다.

④ 기존 PPT의 도형들과 함께 꾸며보세요

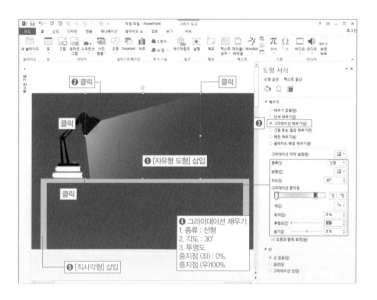

같은 도형 개체인 EPS 아이콘들은 PPT의 기본 도형들로 만든 디자인 개체들과 이질감 없이 표현됩니다. PPT 도형과 동일한 성질로 삽입되고 활용될 수 있는 EPS 아이콘은 디자인의 완성도에 큰 도움을 줄 것입니다.

⑤ 직접 디자인하기 어렵다면 기본 PPT 기능을 그대로 이용하세요

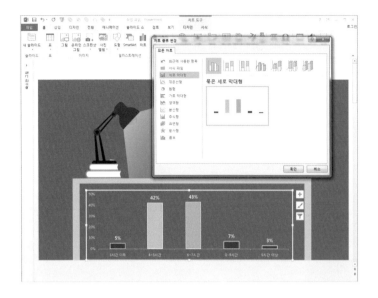

앞의 [예시1]에서는 도형을 가지고 직접 차트를 만들고 디자인했지만, 이렇게 기본 차트를 삽입해 색상, 기타 차트 구성요소들에 대한 디자인 작업을 하는 것만으로도 충분히 인포그래픽의 정보를 담을 수 있을 것입니다.

ℹ️ EPS 아이콘을 써야 하는 이유와 가치를 모르겠다면!!

EPS 형식의 무료 아이콘이 갖는 의미와 가치를 단적인 예시를 통해 보여 드릴게요.

인포그래픽에 사람 아이콘을 만들어 넣는다고 합시다. 우리는 앞에서 살펴본 것처럼 자료를 검색해 다운받을 것입니다. 그런데 한가지 고민이 생깁니다.

내가 얻을 수 있는 아이콘은 이렇게 웃고 있는 사람의 정면 얼굴인데, 내가 만들고 싶은 그래픽은 울고 있거나 억울한 표정이거나 뒷모습일 때는 어떻게 할까요? 그런 자료를 찾지 못하면 그냥 포기해야 할까요?

아니요!! [각각 분리되는 개체들], [도형]이라는 이 두 가지 특징을 갖는 EPS 파일은 클릭 단 한두 번만으로 PPT에서 내가 만들고 싶은 그래픽을 만들 수 있도록 해줍니다. 어떻게요? 다음과 같이 요!

① 아이콘의 [입] 모양을 담고 있는 도형을 [회전] - [상하 대칭]을 통해
우는 표정으로 디자인할 수 있습니다.

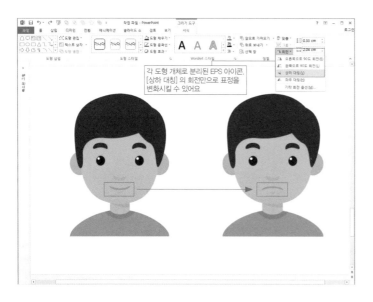

눈, 코, 입, 귀, 얼굴형과 머리, 눈 등이 다 분리되어 있기 때문에 선택적으로 작업이 가능해지는
것이겠지요.

② 필요 없는 개체를 삭제하고, 채우기 색상만 바꾸면 얼굴이 뒤통수가 되고,
앞모습은 뒷모습으로 표현됩니다.

원하는 대로 색을 변경할 수 있는 이유 역시 도형이기 때문에 가능한 것입니다. PNG, JPG 이미지
형식으로는 불가능한 특징들이고요.

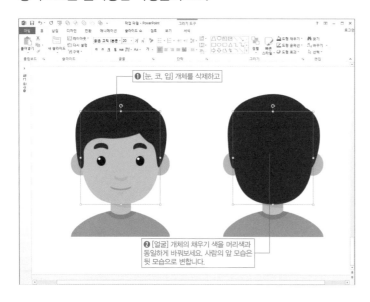

그렇게 EPS 아이콘의 선택적으로 변경 가능한 특징과 장점을 살려 도형으로 칠판과 책상을 만들고, PPT 차트를 삽입하여 정보를 담은 후, 정보의 대상이 되는 학생들의 모습을 담으려는 나의 기획을 그래픽으로 표현할 수 있게 해 줍니다.

내가 사람을 직접 그리고 만들 필요 없이! 포토샵이나 일러스트 같은 기술이나 기능 없이도 아주 쉽게 PPT만으로 인포그래픽 디자인을 완성할 수 있습니다.

그래서 결론은 그래픽에 대한 고민은 필요 없으며! 우리는 기획만 하면 되고! 결국 우리 모두는 인포그래픽을 만들 수 있다는 것입니다. 이제 인포그래픽이 어려워서 나는 할 수 없다는 오해가 조금 풀리시나요?

ⓘ EPS 아이콘 파일 PPT 삽입 방법

Windows 보안 업데이트로 EPS 형식의 파일을 바로 PPT에 삽입할 수 없게 되면서, EPS 아이콘을 삽입하기에 앞서 다운로드 받은 자료를 wmf/emf 형식으로 변환시켜주는 과정이 필요해졌습니다.

① 무료 파일 변환 웹사이트 방문

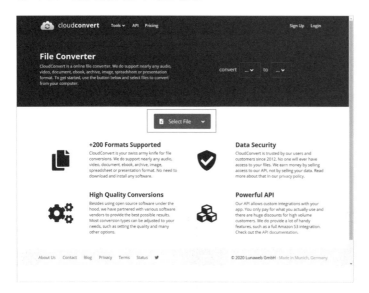

클라우드 컨버트(https://cloudconvert.com)는 프로그램 설치나 회원가입 등의 절차 없이 온라인 사이트 자체에서 변환하고자 하는 파일을 업로드해 원하는 형식으로 변환시킬 수 있는 사이트입니다. 사용하고자 하는 EPS 아이콘 파일을 플랫아이콘에서 다운받으신 후, 해당 사이트 상단의 [Select Files] 메뉴를 클릭해 받아 놓은 아이콘 파일을 선택해주세요.

※구글 크롬을 통해 접속해 이용하는 것이 안정적이며, 상기 사이트 외에 (https://convertio.co/kr/eps-wmf/)도 이용 가능합니다.

② 변환하고자 하는 파일 형식 선택 : emf / wmf

기존의 EPS 파일 형식을 [vector] – [emf / wmf]로 선택한 후 우측의 [Convert] 버튼을 클릭해주세요.

※EMF와 Wmf는 MS윈도우 운영 체제의 그래픽파일 포맷으로 PPT를 이용하면서도 선택하여 붙여넣기 중 "확장 윈도우 메타파일" 이라는 이름으로 파일 형식을 선택할 수 있는 것을 본 독자들도 있을 것입니다.

이 두 파일의 차이는 컴퓨터의 비트 차이며 개인 PC에 맞게 EMF 또는 Wmf를 선택해 변환하면 됩니다.

Wmf(Windows Metafile Format) : 16비트, EMF(Enhanced Metafile Format) : 32비트

③ 변환 완료, 파일 저장

파일 변환이 완료되면 상단 상태바에 녹색의 [Download] 버튼이 생성됩니다.

해당 버튼을 클릭 후 저장하고자 하는 폴더를 지정해 저장해주세요.

④ EPS 아이콘 PPT 삽입 확인

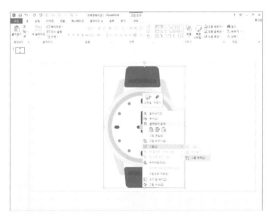
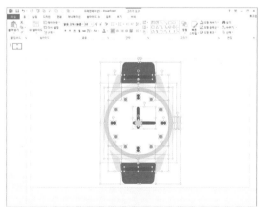

EPS 파일 형식으로는 삽입되지 않았지만 위의 파일 형식으로는 문제없이 삽입될 거예요. 그리고 [그룹해제 2회]를 진행해보면 EPS 파일과 동일하게 아이콘을 구성하는 각 개체들이 모두 분리되는 것을 확인할 수 있을 것입니다.

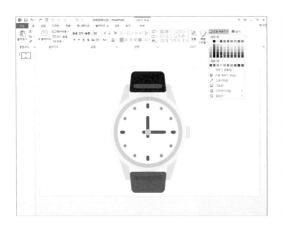

분리된 개체들은 앞에서 언급한 것처럼 각각의 도형으로 인식되기 때문에 색상 수정이 용이해서 다운받을 때마다 색상을 선택해줘야 하는 불편함이 없을 뿐만 아니라, 이미 지정된 원본 이미지의 컬러를 그대로 활용할 수밖에 없는 PNG 이미지 파일보다 디자인 작업에 훨씬 유용합니다. 또 이미지 파일로는 적용할 수 없는 3차원 서식과 같은 PPT 도형 효과 또한 적용할 수 있습니다.

[이제 나도 만든다] 알짜배기 인포그래픽 디자인 예시

학교와 입시를 주제로
인포그래픽을 만든다면

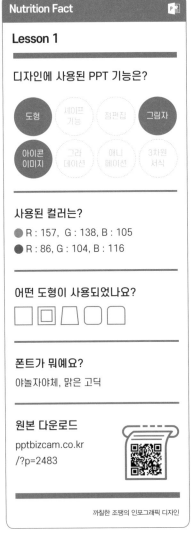

Nutrition Fact

Lesson 1

디자인에 사용된 PPT 기능은?

도형 세이프 기능 점편집 그림자

아이콘 이미지 그라데이션 애니메이션 3차원 서식

사용된 컬러는?
- R : 157, G : 138, B : 105
- R : 86, G : 104, B : 116

어떤 도형이 사용되었나요?

폰트가 뭐예요?
야놀자야체, 맑은 고딕

원본 다운로드
pptbizcam.co.kr
/?p=2483

까칠한 조땡의 인포그래픽 디자인

[Chapter 2]의 내용을 쭉 보시면서 가장 마지막에 등장한 인포그래픽 예시 자료를 보고 혹시 '저건 어떻게 만들었을까?'라는 생각, 안 드셨나요?

PPT를 가장 많이 다루시는 분들, 그리고 그것을 처음 접하고 시작하게 되는 시기가 바로 학창 시절이다 보니 이 인포그래픽 자료에 담긴 디자인과 주제가 더욱 더 공감되고 궁금하지 않을까 싶은데요.

첫 번째 인포그래픽 디자인 예시.

앞선 Chapter들의 내용과 그것의 구체적 예시를 연결 짓는 첫 번째 시안인만큼 우리가 원론적으로만 알아봤던 기획, 디자인, 표현 방법의 내용을 기준으로 어떻게 만들었는지 그 상세한 과정을 살펴보신다면 더욱 재미있는 시간이 되지 않을까 합니다.

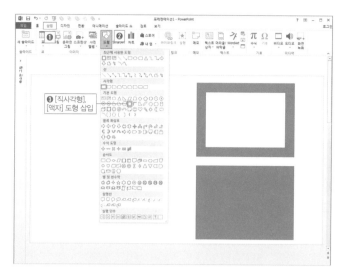

칠판 만들기 1

직사각형 도형 하나에 채우기, 윤곽선의 컬러 선택으로 충분히 디자인 가능하지만 [액자] 도형을 추가로 활용한 이유는 칠판의 외곽 프레임에 입체적인 느낌을 담아내기 위한 목적이 있어요.

바로 그림자 효과를 지정하기 위해서요.

배경색 지정하기

[삽입] 탭 - [배경서식] - [단색 채우기] - [PPT 기본 그레이 색상] 선택

● R : 217, G : 217, B : 217
PPT 2013 그레이 표준 색상입니다.

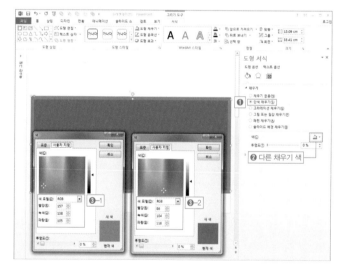

칠판 만들기 2 - 도형 채우기

단색 채우기의 [다른 색 채우기] - [사용자 지정] 탭을 통해 각 RGB 색상 값을 입력해주세요.

RGB 색상 정보

● 프레임 : R 157, G 138, B 105
● 보　드 : R 86, G 104, B 116

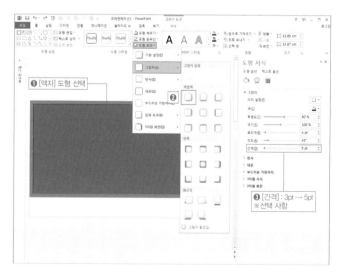

칠판 만들기 3 - 그림자 효과

기본 그림자 효과 선택 후 입체감을 더 살리고자 한다면 [간격] 값을 조금 높여 주셔도 괜찮습니다.

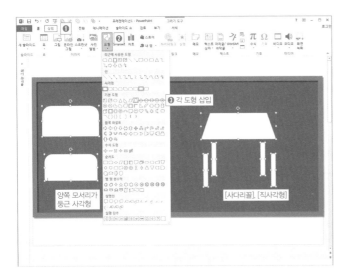

책상 만들기 1

의자의 모양은 크기가 다른 [양쪽 모서리가 둥근 사각형] 2개로, 책상은 [사다리꼴]과 [직사각형] 으로 만들 수 있는데요.

아이콘 자료를 활용하셔도 되지만, 간단한 형태이기 때문에 아이콘을 찾고 파워포인트로의 삽입을 위한 변환 과정 등을 고려한다면 이렇게 도형으로 직접 만들어 보는 것도 좋을 것입니다.

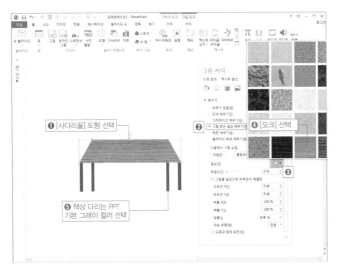

책상 만들기 2 - 채우기

PPT 자체에서 제공하는 그림, 질감 이미지를 선택해 충분히 책상을 만들어 볼 수 있습니다.

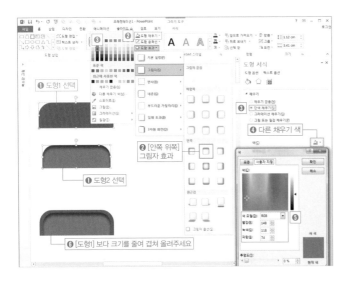

의자 만들기

의자 모양을 만들기 위해 활용한 [양쪽 모서리가 둥근 사각형] 도형의 경우, 크기를 달리해 교차시켜 배치함으로써 [도형1]이 보여지는 부분이 자연스럽게 철제 프레임으로 표현될 수 있도록 해주세요.

본 디자인 과정 또한 앞선 칠판 만들기와 같이 입체감을 살리는 표현을 위해 총 2개의 도형을 활용했습니다.

도형2 RGB 색상 정보
● R : 148, G : 118, B : 74

아이콘 활용 - 학생 모습 만들기

무료 아이콘 사이트인 플랫아이콘 (https://www.flaticon.com/)에서 person 또는 people 등의 단어로 검색해 원하시는 아이콘을 EPS 형식으로 다운 받습니다.

※PPT에서 활용할 수 있도록 다운 받은 EPS 파일은 emf 또는 wmf 파일 형식으로 변환해주세요.

파일 변환 방법은 'Chapter 2. [인포그래픽 만들기] 전문적 기술 따윈 필요 없다' 내용 참고

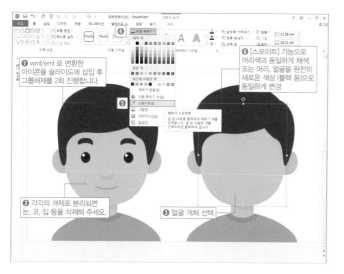

뒷모습 만들기

앞선 Chapter에서 알아본 것처럼 EPS 아이콘을 그룹해제 하게 되면 각각의 구성 개체들로 분리되는 동시에 도형의 성격을 갖고 있기 때문에 선택적으로 편집 및 수정 작업이 용이합니다.

※스포이트 기능을 제공하지 않는 2013 이하 버전 사용자의 경우, 머리와 얼굴에 해당하는 개체를 다른 색상(블랙 등)의 동일한 컬러로 지정하는 것이 작업이 편하실 것입니다.

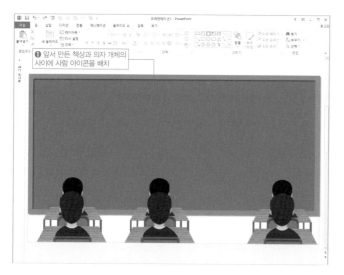

전체 디자인 개체 배치

지금까지 도형, 아이콘을 이용해 만든 책상과 의자, 사람 뒷모습을 통합해 이와 같이 교실에 앉아 있는 학생들의 모습을 담아 보세요.

원근에 따라서 크기를 조정해주셔도 좋고, 배치에 따라 불필요한 책상 다리는 삭제할 필요도 있겠지요?

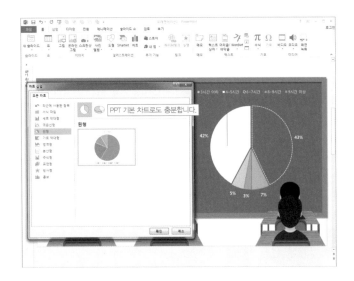

정보 담기

우리가 이렇게 도형, 아이콘으로 그래픽 작업을 한 이유는 그것에 담고자 하는 정보를 더 강화시키고 이해, 집중도를 높이기 위함이었음을 절대 잊어서는 안된다는 것을 다시 한번 강조해 드리고 싶고요.

[Chapter2]에서 알아본 것과 같이 기본 차트를 이용해 인포그래픽의 핵심인 '정보' 를 정리해주세요.

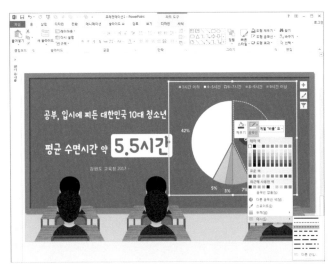

차트 자체의 디자인 살리기

PPT에서 제공하는 차트 기능을 그대로 활용해 충분히 인포그래픽 작업을 할 수 있지만 항상 그 기본에 디자인 감성을 담고, 더 깔끔하게 정리하고자 하는 노력과 시도들이 더해지고 이어져야 한다고 생각하는데요.

채우기, 선, 그리고 그 세부적인 종류와 크기까지, 거기에 범례의 위치를 선택하는 것 또한 모두 기획이고 인포그래픽의 완성도와 함께 정보 전달이라는 핵심 목표와 연관되는 것이기 때문에 이에 대한 미세한 조정들이 분명 엄청난 차이로 나타나게 된다는 것을 꼭 전해드리고 싶습니다.

원본 파일을 다운받아 연습해 보세요.
pptbizcam.co.kr/?p=2483

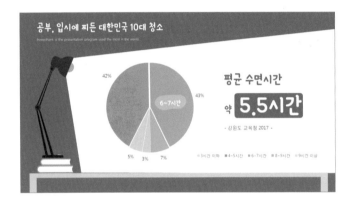
독특한 레이아웃,
시작은 평범 그 자체

Nutrition Fact

Lesson 2

디자인에 사용된 PPT 기능은?

도형 · 셰이프 기능 · 점편집 · 그림자

아이콘 이미지 · 그라데이션 · 애니메이션 · 3차원 서식

사용된 컬러는?

● R : 52, G : 94, B : 119
○ R : 224, G : 216, B : 195

어떤 도형이 사용되었나요?

□ ⬡ □

폰트가 뭐예요?

맑은 고딕, 야놀자야체

원본 다운로드

pptbizcam.co.kr
/?p=2187

까칠한 조땡의 인포그래픽 디자인

같은 내용, 다른 배경, 그것으로 달라지고 다양해지는 인포그래픽.

그래서 인포그래픽 디자인에는 정답이 없습니다.

그래서 독자분들께서 떠올리는 모든 생각들이 정답이고 그래픽의 주제가 될 수 있는데요.

이번 2강에서만큼은 만드는 방법을 익히는 시간이 아니라 "나는 이 같은 내용을 어떤 그래픽 배경에 담아낼 것인가에 대한 생각, 자유 연상의 기회"를 가져보셨으면 하는 바람입니다.

내가 떠올린 주제 속 작은 대상 하나?! 내 생각이 보잘 것 없다? 그래픽 작업을 하는 건데 그런 정도로??

나 자신이 떠올린 그 연상, 생각을 스스로 제한하거나 저평가하지 마세요.

공부? 책상, 책, 의자, 스탠드….

그렇게 떠올렸던 보잘 것 없던, 1차원적으로 입 속에서, 머릿속에서 툭툭 떠올랐던 그 대상 하나, 단어 하나 그것이 갖는 특징을 이용하는 것으로 독특한 배경, 레이아웃이 만들어질 수 있습니다.

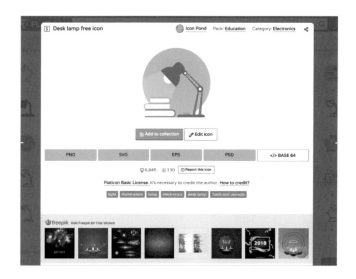

아이콘 다운로드

무료 아이콘 사이트인 플랫아이콘 (https://www.flaticon.com/)에서 lamp, light 등의 단어로 검색해 아이콘을 EPS 형식으로 다운 받습니다.

※PPT에서 활용할 수 있도록 다운 받은 EPS 파일은 emf 또는 wmf 파일 형식으로 변환해주세요.

파일 변환 방법은 'Chapter 2. [인포그래픽 만들기] 전문적 기술 따윈 필요 없다' 내용 참고.

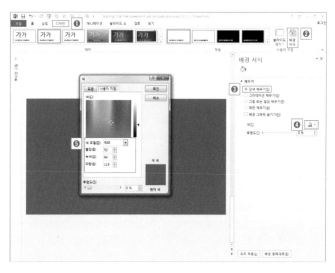

배경 채우기 - 단색 채우기

[디자인] 탭 - [배경서식] - [채우기 : 단색 채우기] - [다른 채우기 색] - [사용자 지정]

RGB 색상 정보
● R : 52, G : 94, B : 119

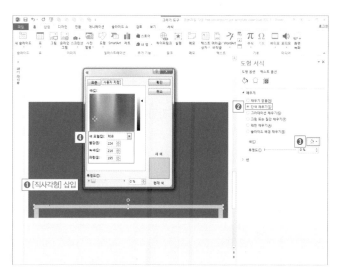

도형으로 책상 만들기

직사각형 도형을 삽입해 책상을 만들어 주세요

RGB 색상 정보
● R : 224, G : 216, B : 195

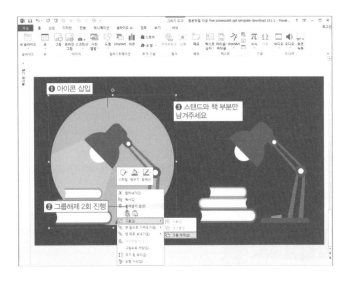

아이콘 편집

그룹해제 후, 배경 및 스탠드 빛을 표현한 2개의 개체를 삭제해 주세요.

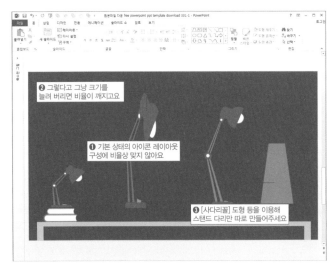

아이콘 변경

본 인포그래픽 디자인에서 집중한 것은 배경 그래픽을 통해 레이아웃을 설정해주는 것이었는데요.

그 콘셉트가 '스탠드가 비추는 빛'의 모양이었기 때문에 슬라이드 영역 중 최대한 많은 공간을 확보해줄 필요가 있었습니다. 하지만 기본 상태의 아이콘을 유지하는 것, 또는 전체 크기를 늘리는 방식 모두 비율상의 문제를 발생시키고요.

그럴 때는 필요한 부분만 도형 등을 이용해 직접 크기를 수정해 만들어 보세요. 스탠드의 다리 길이만 길어지면 되는 것이니까요.

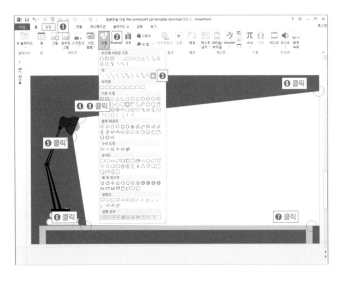

레이아웃 만들기 - 자유형 도형

[자유형] 도형을 이용해 스탠드가 비추는 빛의 형태로 모양을 만들어 주세요.

그렇게 만들어진 형태가 곧 상세 내용을 정리할 하나의 레이아웃이자 공간, 배경이 될 것입니다.

Chapter 3. [이제 나도 만든다] 알짜배기 인포그래픽 디자인 예시

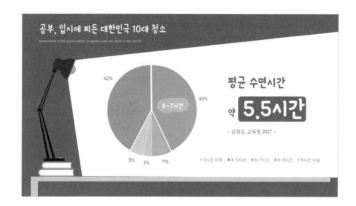

디자인 마무리

차트, 이미지, 텍스트 등을 이용해 해당 공간에 내용을 정리해 보세요.

원형 차트 RGB 색상 정보
- R : 255 G : 124 B : 128
- R : 197 G : 224 B : 180
- R : 255 G : 204 B : 255
- R : 255 G : 192 B : 0
- R : 175 G : 171 B : 171

※전 색상 PPT 2013 표준 컬러

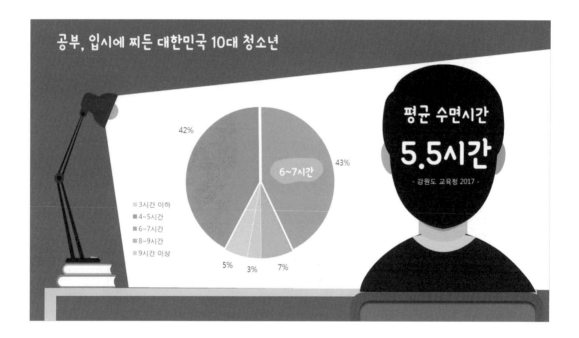

원본 파일을 다운받아 연습해 보세요.
pptbizcam.co.kr/?p=2187

배경 하나로 달라지는 인포그래픽의 감성

눈치채신 분들도 계시겠지만 시안에 포함된 내용은 지난 1강 디자인 예시에 포함된 것과 동일한데요.

당시 우리는 인포그래픽의 배경으로 학교 교실을 담아봤고 칠판이라는 구체적 대상을 레이아웃으로 활용했습니다. 하지만 동일한 내용임에도 배경 그래픽이 달라짐으로써 그 자료를 통해 느끼게 되는 것들, 정보의 이미지가 달라지는 것을 1강과 연계된 이번 예시를 통해 알 수 있었던 것 같은데요.

이를 통해서 다시 한번 전하고 싶은 것은 "책에 소개된 예시는 예시일 뿐이다." 라는 것입니다. 지침서가 아니라 참고서가 되어야 한다고 생각하고, 지금의 이 책이 "꼭 이렇게 해야 돼" 라는 생각으로 이어지는 것을 가장 경계해야 한다고 생각하거든요.

무엇을 바라보고 해석하고 기획하는 방식이나 시선이 그 책을 통해서 무언가 정해진 답으로 확고한 방향으로 정립되기보다는 내가 생각하는 것이 곧 답이다. 얼마든지 다양하고 다르게 표현될 수 있고 그 모든 것이 답이 된다는 것을 꼭 말하고 싶습니다.

언제나 논란의 중심인
담뱃값을 주제로 한 디자인

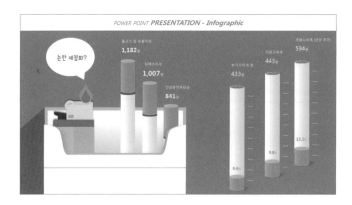

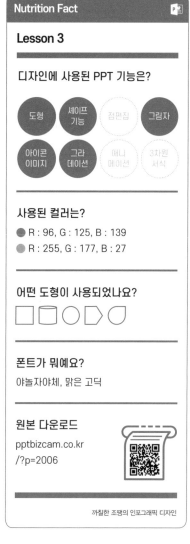

아이디어를 떠올리지 않아도 '치킨 하면 맥주'가 떠오르듯 아주 당연히 생각나게 해주는 것.

아니 그 보다 더한 그냥 주제 그 자체 속 그래픽의 대상.

인포그래픽 디자인에 대한 기획은 그냥 그렇게 내 머릿속에서 가장 처음으로 떠올리게 되는 그것을 담아 내는 것으로 충분합니다.

내가 하는 생각은 누구든 똑같이 하고 있고 이는 곧 공감과 이해를 이끌어 낼 것이기에 정보의 전달에 있어서도 유리할 거예요.

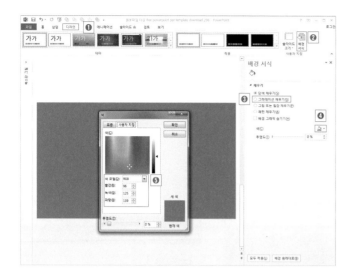

배경 채우기 - 단색 채우기

[디자인] 탭 - [배경서식] - [채우기 : 단색 채우기] - [다른 채우기 색] - [사용자 지정]

RGB 색상 정보
● R : 96, G : 125, B : 139

담배 아이콘 다운로드

무료 아이콘 사이트인 플랫아이콘 (https://www.flaticon.com/)에서 cigarettes 또는 tobacco, smoking 등의 단어로 검색해 원하시는 아이콘을 EPS 형식으로 다운 받습니다.

※PPT에서 활용할 수 있도록 다운 받은 EPS 파일은 emf 또는 wmf 파일 형식으로 변환해주세요.

파일 변환 방법은 'Chapter 2. [인포그래픽 만들기] 전문적 기술 따윈 필요 없다' 내용 참고

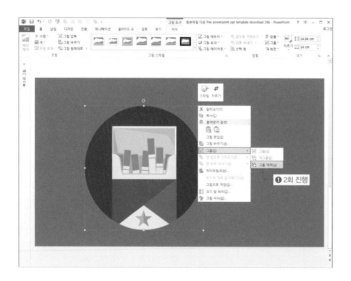

EPS (변환) 아이콘 그룹해제

wmf 또는 emf 로 변환한 아이콘 파일을 슬라이드로 삽입해 [총 2회 연속으로 그룹 해제]를 해줍니다.

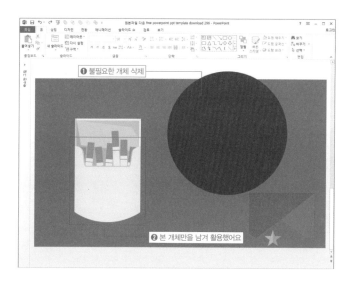

필요한 개체만 남기기

아이콘을 그룹해제 하게 되면 구성되는 각 개별 개체들로 모두 분리가 되는데요.

여기서 인포그래픽 디자인에 활용할 부분만 남겨두고 나머지는 삭제하면 됩니다.

본 시안에서는 담뱃갑 특유의 U 또는 ㄷ 자형 부분만을 활용했습니다.

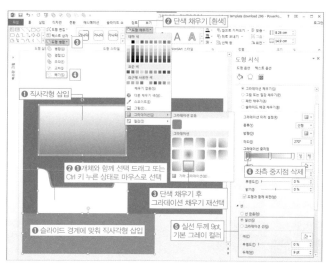

담뱃갑 만들기

아이콘 자료를 이용해 얻은 케이스 하단 부분의 형태에서 불필요한 부분은 셰이프 기능 [도형 빼기]를 이용해 삭제해주고,

담배 상단 덮개 부분은 직사각형 도형으로 따로 만들어 보세요.

입체감을 살리기 위해 그라데이션 채우기를 하면 좋습니다.

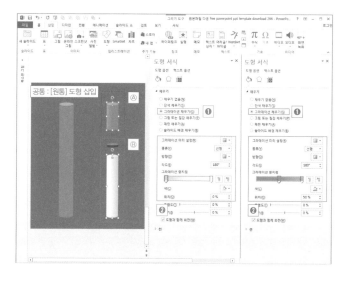

원통으로 담배 모양 만들기

그라데이션 설정 공통
종류 : 선형, 각도 : 180°
A 도형 상세 설정
위치 : [좌] 50%, [우] 100%
색상 : [좌] 223, 148, 21 [우] 255, 177, 27
B 도형 상세 설정
위치 : [좌] 0%, [우] 100%
색상 : [좌] 214, 214, 214   [우] 화이트

※색상의 경우, 우측 중지점 색상을 기본으로 좌측 컬러는 [다른 채우기 색] - [사용자 지정] - [명암 선택] 바를 이용해 좀 더 어두운 계열의 색상을 선택하면 됩니다.

가운데 도형은 [기본 그레이 단색 채우기]를 진행하면 됩니다.

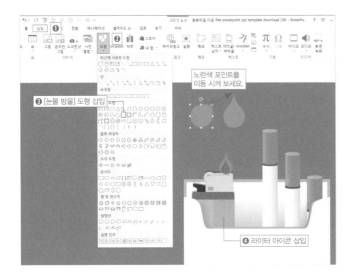

③ [눈물 방울] 도형 삽입

노란색 포인트를
이동 시켜 보세요.

④ 라이터 아이콘 삽입

배치 및 아이콘 추가 배치

앞선 과정을 통해 만든 원통 도형 기반의 담배와 함께 라이터 아이콘, 그리고 [눈물 방울] 도형을 이용해 만든 불꽃 모양을 [직사각형], [U자형 아이콘] 개체 사이에 배치해 주세요.

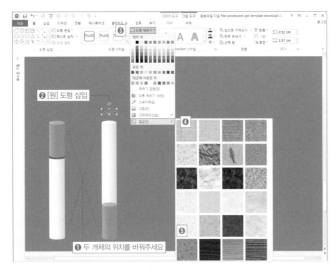

② [원] 도형 삽입

① 두 개체의 위치를 바꿔주세요

담배 모양 디자인 개체의 막대 그래프화

앞서 [원통] 도형으로 만든 담배 모양의 배치 순서를 서로 바꿔주어 필터 부분의 높이가 데이터 값을 표현해줄 수 있도록 할 건데요.

이번 인포그래픽의 기본 정보가 100% 기준, 즉 전체 담뱃갑의 각 항목별 금액 기준을 제공하기 위함이기 때문에 담배 길이의 차이는 두지 않았습니다.

※위치 변경이 아닌, 회전을 통해 바꿀 수 있지만 약간의 색감과 느낌의 차이가 생기는데요.

원통의 느낌을 살려주는 타원 모양이 안 보이게 되니까요.

크게 상관 없다면 [그룹지정] 후 회전시켜 주셔도 됩니다.

이 때에는 ③∼⑤번 과정은 필요하지 않아요.

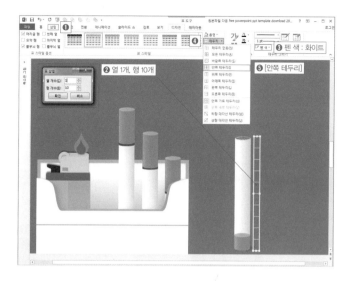

표를 이용해 눈금선 만들기

1권을 통해서도 알아봤고, 활용했던 디자인 방식이지만 도형이나 아이콘을 이용해 디자인 그래프를 직접 만들 경우에 생기는 단점 중 하나가 바로 '눈금선'과 같은 차트 양식들인데요.

[⊞]를 이용해 만들어 본다면,

오히려 이것이 인포그래픽의 성격, 디자인과 감성을 더욱 잘 표현하고 담아낼 수 있는 방식이 될 것입니다.

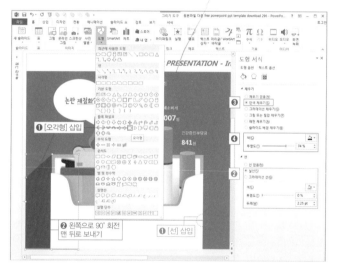

그림자 직접 만들어 보기 - 선택적 진행

본 과정의 경우 필수 과정은 아니고요. PPT에서 제공하는 그림자 효과의 경우 그 크기나 간격을 키울 경우 슬라이드 경계를 넘어가는 특성이 있어 표현하기 어려운 디자인 트렌드가 하나 있는데요. 바로 이번 단계와 같이 대상 개체의 사선으로 짙은 컬러의 그림자 라인을 명확하게 만들어 주는 방식이지요. 이 또한 기본 도형의 라인을 활용해 간단하게 만들어 보는 것은 어떨까요? 디자인은 곧 최신의 트렌드를 어떻게 접목시키는가 또한 매우 중요하니까요. [채우기색 : 블랙, 투명도 74%]

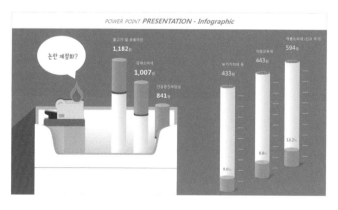

디자인 마무리

아이콘, 도형으로 만든 그래픽에 텍스트를 통해 정보를 담아내는 것으로 인포그래픽 디자인 작업을 마무리합니다.

단순히 100% 기준 누적형 PPT 기본 그래프를 이용하는 것보다 분명 주제를 명확히 하고 시선을 사로잡을 수 있는 자료를 만들 수 있을 텐데요.

그 과정을 자세히 풀어 설명드렸기에 복잡해 보일 수 있지만 사실 한 것이라곤 아이콘 파일을 다운 받아 필요한 것을 선별해 내고 기본 도형에 색상을 지정해준 것. 그것뿐입니다.

최종 디자인 완성

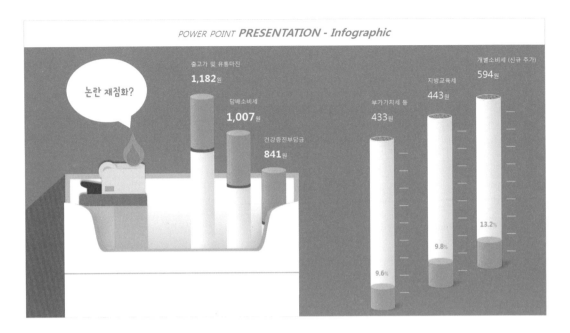

만드는 과정에 대한 보다 더 자세한 설명을
확인하고 싶다면 동영상 강의를 확인해 보세요.

P LESSON 4

그래픽을 차트화하는
연습과 시각이 필요

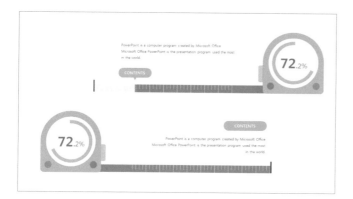

인포그래픽으로 담아내는 정보들의 종류에는 보통 어떤 조사 결과 등 구체적인 수치, 값(데이터)들이 들어가는 경우가 많은데요.

워낙 해석하기 어렵고 동시에 시선을 끌기 어렵게 하는 정보들이기 때문에 인포그래픽으로 디자인하는 것이 당연할 것입니다.

따라서 기본 차트 기능들이 하고 있는, 그리고 그것이 갖고 있는 특징들을 어떻게 그래픽에 담아낼까에 대한 고민과 재해석하는 시각들이 반드시 필요할 텐데요.

일상에 존재하는, 우리에게 익숙한, 또는 만들어야 되는 주제들 속에서 떠올릴 수 있는 물건들이 갖는 특징, 기능, 역할에 담아보는 연습이 인포그래픽에서는 필수일 것입니다.

이번 강의의 예시처럼 줄자의 그래픽에 가로형 막대 그래프를 넣어둔 것처럼 말이에요.

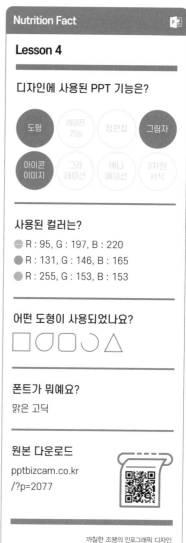

Nutrition Fact P

Lesson 4

디자인에 사용된 PPT 기능은?

도형 · 세이프기능 · 점편집 · 그림자
아이콘이미지 · 그라데이션 · 애니메이션 · 3차원서식

사용된 컬러는?
- R : 95, G : 197, B : 220
- R : 131, G : 146, B : 165
- R : 255, G : 153, B : 153

어떤 도형이 사용되었나요?

▢ ◠ ▢ ◡ △

폰트가 뭐예요?

맑은 고딕

원본 다운로드

pptbizcam.co.kr
/?p=2077

까칠한 조땅의 인포그래픽 디자인

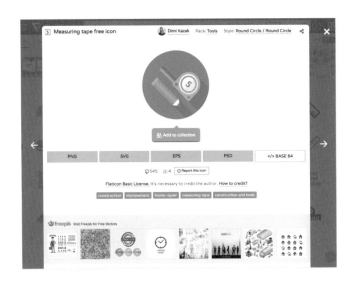

줄자 아이콘 다운로드

무료 아이콘 사이트인 플랫아이콘 (https://www.flaticon.com/)에서 measuring tape 등의 단어로 검색해 원하는 아이콘을 EPS 형식으로 다운 받습니다.

※PPT에서 활용할 수 있도록 다운 받은 EPS 파일은 emf 또는 wmf 파일 형식으로 변환해주세요.

파일 변환 방법은 'Chapter 2. [인포그래픽 만들기] 전문적 기술 따윈 필요 없다' 내용 참고

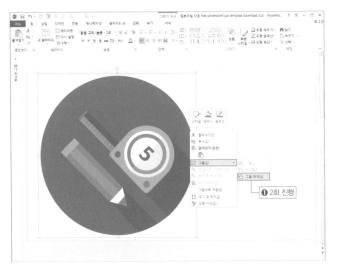

변환된 EPS 아이콘 그룹해제

[그룹해제]를 2회 연속 진행해 wmf/emf로 변환되어 삽입한 아이콘을 각각의 개별 개체로 분리시켜 주세요.

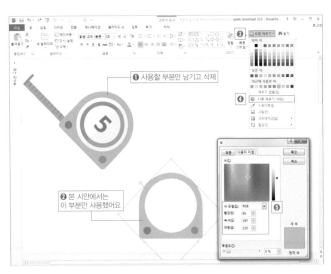

활용할 개체 편집

아이콘 자체를 그대로 이용해도 좋지만 이를 바탕으로 리디자인하는 과정을 거친다면 보다 더 주제의 성격이나 작업자 개인의 스타일에 맞게 꾸며줄 수 있는데요.

본 시안에서는 줄자의 전체적인 형태만을 활용했습니다.

RGB 색상 정보
● R : 95, G : 197, B : 220

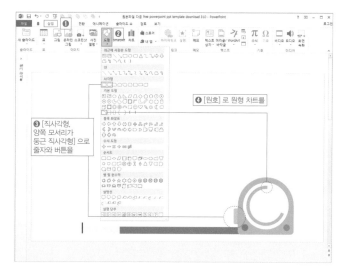

도형으로 차트 영역 만들기

앞선 1권과 함께 본 책을 통해서도 알아봤듯이 개별 디자인 그래프를 만드는 데 있어서 [원호], [직사각형] 등의 기본 도형들은 큰 역할을 해주는데요.

단순히 그 자체로서의 형태만으로 끝나기보다는 '그래프'라는 역할을 부여해본다면 결국 같은 것이었음에도 다르게 보일 것이고 그것이 바로 기획과 콘셉트의 중요성을 말해주는 부분일 것입니다.

③ [직사각형, 양쪽 모서리가 둥근 직사각형] 으로 줄자와 버튼을

④ [원호] 로 원형 차트를

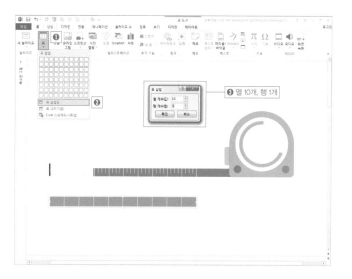

[표]를 이용해 눈금선 만들기

원본 아이콘 자료에서도 이 눈금선이 표현되어 있지만 그것을 그대로 활용하지 않은 이유는 정확한 정보 전달의 역할을 해야 하는 인포그래픽이기 때문인데요.

표의 정확하고 일정한 간격들은 눈금선의 역할을 해주기에 충분할 것입니다.

자주 등장하는 방식 일거예요.

③ 열 10개, 행 1개

눈금선 조정

표의 테두리 라인을 이용해 눈금선을 만들 수 있는데요.

배경이 되는 도형 컬러에 맞춰 흰색, 또는 다른 컬러들을 선택해준 후 [안쪽, 좌우 테두리]만을 지정해 주면 됩니다.

※처음 표를 삽입했을 때, 기본 서식으로 [모든 테두리]가 지정되어 있기 때문에 [테두리 없음]을 먼저 선택해준 이후 진행하는 것이 좋습니다.

① 펜색 : 화이트

③ [안쪽, 왼쪽, 오른쪽] 테두리만 지정
※지정 전 리셋 개념으로 [테두리 없음]을 선택한 후 진행하세요.

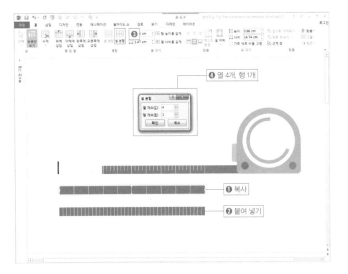

보조 눈금선 만들기

좀 더 단위가 작은 보조 눈금선을 하나 더 만들어볼까요.

기존에 만들었던 표를 활용한 눈금선을 복사해 [셀 분할]만 시켜주면 됩니다.

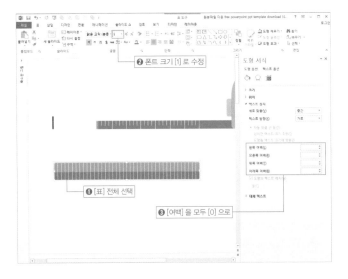

자주 하는 질문
"표의 크기가 더 이상 안 줄어요"

표 안에 지정되어 있는 숫자의 크기와 여백이 표 전체 크기를 더 이상 줄이지 못하게 하는데요.

표 전체를 선택 후 표 내부 텍스트 크기를 1로 줄입니다.

[도형서식] - [도형옵션] - [크기 및 속성] - [텍스트 상자] - [여백]의 모든 값을 0으로 수정해 주세요.

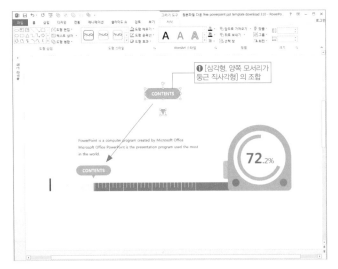

데이터 및 텍스트 레이블 만들기

같은 형태의 말풍선, 설명선 도형을 활용하면 편하지만 그래픽이 한편으로 큰 역할을 하고 중요한 인포그래픽에서는 데이터 또는 텍스트 레이블 또한 무척 중요할 거예요.

기본 차트를 활용하지 않은 만큼 [삼각형, 양쪽 모서리가 둥근 직사각형] 이 두 가지를 조합해 새로운 레이블 형태를 직접 만들어 보는 것은 어떨까요?

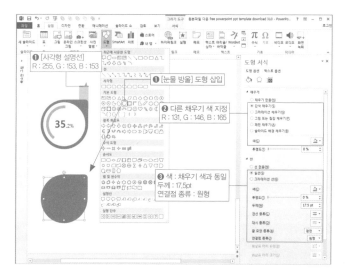

때론 아이콘보다
직접 만드는 것이 더 좋아요.

아이콘을 활용하는 것이 처음 형태를 잡아가고 또 그래픽에 대한 고민을 단번에 덜 수 있게 해주면서 작업 효율과 효과 모두를 얻게 해준다면, 그 시안만을 참고해 "이거 내가 직접 만들 수도 있겠는데" 라는 생각을 할 수 있어야만 진짜 내 것이 되고 나의 감각과 실력을 키워줄 수 있다고 보는데요.

그 변화에 대한 해답은 다른 아이콘들에서, 또는 집에 있는 우리 집 줄자를 통해서도 찾을 수 있을 것이고, 무엇이든 만들어낼 수 있는 도형이 있기에 결코 어렵지 않을 것입니다.

줄자의 몸통 형태만 [눈물 방울] 도형을 이용해 바꾸더라도 금방 달라지니까요.

최종 디자인 완성

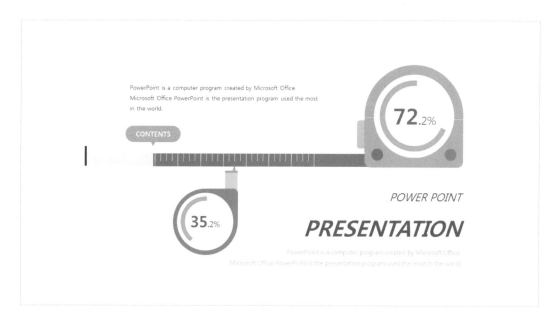

원본 파일을 다운받아 연습해 보세요.
pptbizcam.co.kr/?p=2077

아이콘으로 끝내는
인포그래픽 디자인

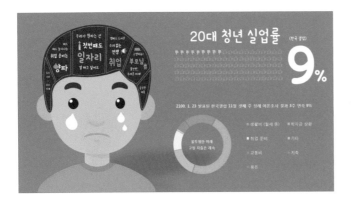

인포그래픽의 그래픽에 대한 고민이요?

무료 아이콘 사이트에서 검색할 수 있으시죠?

다운로드 받을 수 있으시죠?

슬라이드에 삽입하는 거 껌이잖아요.

도형? 차트? 텍스트?

다 넣으실 수 있잖아요.

고민은 필요 없습니다.

못 만들 이유도 없고요.

유일한 고민은 "내 주제에 맞는, 내가 담고 표현하고 싶은 것이 무엇인지를 정하고, 그에 맞는 아이콘 자료를 검색하는 것" 정도일 것이라 생각합니다.

본 책의 서두에서도 강조했듯 그래픽 디자인에 대한 답은 주제와 내용 속에 이미 다 있습니다.

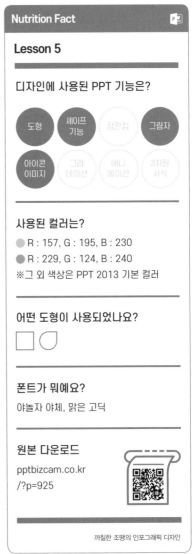

사람, 손 모양 아이콘 다운로드

무료 아이콘 사이트인 플랫아이콘 (https://www.flaticon.com/)에서 person, people 그리고 hand 등의 단어로 검색해 원하시는 아이콘을 EPS 형식으로 다운 받습니다. 본 예시를 만드는 데 있어 색상이나 일부 형태의 변경을 갖고 가지 않고자 한다면 PNG 형식으로 다운 받으셔도 무관합니다.

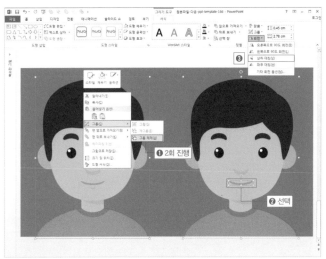

변환된 EPS 아이콘 그룹해제, [회전] 기능으로 표정 바꾸기

[그룹해제]를 2회 연속 진행해 wmf/emf로 변환되어 삽입한 아이콘을 각각의 개별 개체로 분리시켜 주세요.

앞선 [Chapter 2]에서 EPS 아이콘 활용의 편리함과 장점을 알아보며 간단히 소개했던 내용이지요? 이렇게 개별 개체로 분리되는 특성을 활용하면 아이콘이 갖고 있던 표정까지도 [회전] 기능을 이용해 아주 간단하게 바꿀 수 있을 것입니다.

PNG 형식이면 불가능하지만 EPS 파일 형식은 이렇게 디자인에 변화를 가능하게 해줘요.

곡선 도형으로 라인 따기

텍스트와 그래픽의 영역을 분리시키는 것보다 때로는 그 정보의 성격에 맞게 이 둘을 하나로 합쳐 보는 것도 재미있을 텐데요.

특정 주제에 대한 생각을 정리한 자료들이라면 그들이 답한 생각, 결과들을 사람 아이콘의 머리에 정리해보는 것도 좋지 않을까 라는 생각을 했는데요.

아주 쉽게는 예전에 참 많이도 썼던 "누구의 머릿속은 이런 이런 것들로 채워져 있다"며 머리 이미지 안에 그 정도와 수준을 크기로 나타내 정리했던 것들이 있었잖아요?

그 콘셉트를 이용했다 생각하면 될 것 같습니다.
첫 페이지의 완성된 시안의 모습을 보고 오셨기 때문에 쉽게 떠올릴 수 있을 것이라 생각하고요.

자주 하는 질문
"그냥 머리 도형을 복사해서 테두리만 지정하면 되지 않나요?"

비율, 각 길이들이 맞지 않아 일정한 간격을 두고 그대로 배치하기가 거의 불가능해요.
점 편집을 통해 라인을 다시 잡아줄 수는 있지만 그 보다는 그냥 곡선으로 클릭 몇 번으로 라인을 따주는 것이 더 편하답니다.

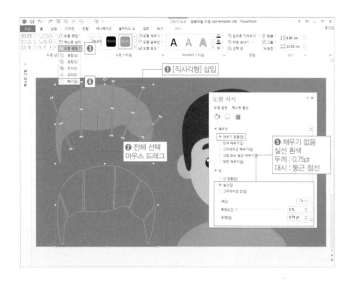

결과의 응답 비율에 맞춰 분할시키기

직사각형 도형을 이용해 각각의 영역을 구분해줄 경계를 만들어 준 후 [도형 빼기]를 이용해 각각 분할된 개체의 형태로 변경시켜 주세요.

기존 아이콘 위에 겹쳐 올려 놓을 예정이기 때문에 [채우기 없음]을 선택해 주는 것이 좋아요.

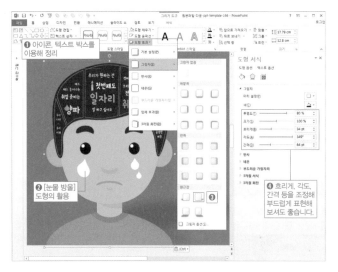

내용 정리 및 꾸미기

설문 조사, 결과 항목의 내용과 어울리는 아이콘들을 추가로 다운 받아 텍스트와 함께 꾸며보세요.

기본 도형을 이용해도 좋으며 그림자와 같은 PPT 자체의 효과 또한 충분히 디자인 감성을 살리는 데 도움이 될 것입니다.

그림자 효과 세부 수정 값
[원근감 대각선 오른쪽 위] 옵션 값 수정
흐리게 : 6pt → 34pt
각도 : 315° → 349°
간격 : 0pt → 64pt
※기본 옵션 그대로 진행하셔도 됩니다.

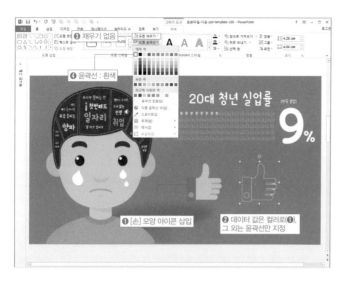

아이콘을 활용한 데이터 표현

아이콘의 또 다른 장점은 단순히 그래픽으로서의 기능을 하는 것을 떠나 그 자체로서 정보의 성격과 이미지, 내용을 전달할 수 있는 것이 아닐까 생각하는데요.

동시에 정보를 해석하지 않더라도 시각적으로 그것의 정도나 수준을 파악할 수 있게 해준다는 것은 인포그래픽에 있어 큰 도움이 됩니다.

즉 본 시안을 예로 볼 때, 물론 텍스트 9%가 눈에 잘 들어오겠지만, 우리는 손 모양의 아이콘의 채우기, 컬러의 차이를 통해 '작다, 적다, 많다와 크다' 라는 이미지 정보를 쉽게 얻을 수 있을 거예요.

사람 아이콘의 표정을 통해 그런 부가적인 정보를 표현하고 담아낸 것처럼요.

자주 하는 질문
"저걸 계속 복사 붙여넣기 해야 되나요?"

보통은 100%를 기준으로 했을 때 10개 정도의 개체만을 활용하기에 큰 무리는 없을 거예요.
하지만 기획에 따라서, 전하고자 하는 정보의 성격과 그 의미를 강하게 전달하고자 할 때에는 더 많은 기본 베이스를 두고 채우기를 하게 될 때도 있을 텐데요. 그럴 때에는 아이콘을 [그림으로 저장]하여 [바둑판식 배열] 옵션을 통해 사각형 등의 도형을 이미지로 채워 주면 쉽게 반복된 데이터의 기본 바탕을 만들 수 있습니다.
※ [그림을 질감으로 바둑판식 배열] 옵션을 체크하는 것 잊지 마시고요.
크기를 조정해야 한다면 [배율] 값으로 조정하면 됩니다. 추가로 앞선 과정에서 투명한 사각형 도형을 함께 배치해 그림으로 저장한 이유는 개체간 간격을 만들기 위함이랍니다.
그렇지 않으면 다닥다닥 붙어서 나열되거든요.

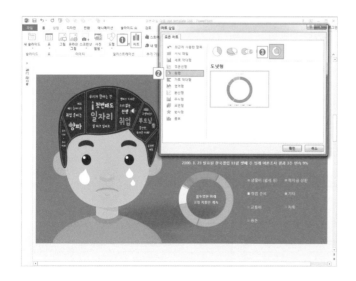

기본 차트를 이용해
상세 데이터 정리

기본 차트 기능만큼 데이터를 쉽게 정리할 수 있는 방법은 없지만 한 가지 아쉬운 점은 미리 설정된 디자인이나 그래프의 양식들이 그리 예쁘지 않다는 것에 있는 것 같아요.
개인적으로 권해드리고 싶은 방법은
데이터 계열과 범례를 제외하고는 나머지 부분에 대해서는 직접 수정, 삽입하여 리디자인 하는 것인데요.
채우기 색만 바꿔보세요.
제목만 그냥 텍스트 박스로 내가 원하는 위치에 넣어보세요.
확 달라질 것입니다.

데이터 계열 각 채우기 색 RGB 정보

● 노랑 R : 255, G : 192, B : 0
● 하늘 R : 157, G : 195, B : 230
● 살구 R : 248, G : 203, B : 173
● 보라 R : 229, G : 124, B : 240
● 그린 R : 112, G : 173, B : 71
● 핑크 R : 255, G : 124, B : 128

※하늘색과 보라색을 제외한 전 색상은 PPT 2013 기본 컬러들입니다.

최종 디자인 완성

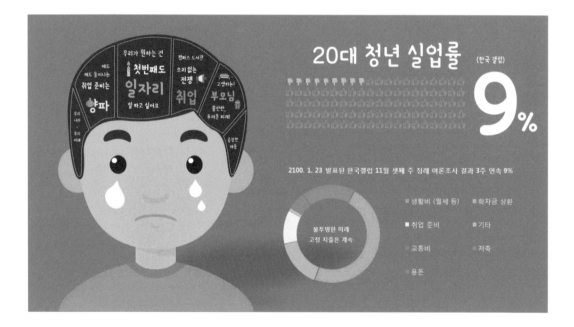

원본 파일을 다운받아 연습해 보세요.
pptbizcam.co.kr / ?p=925

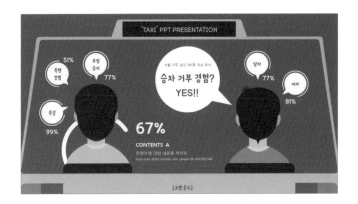 LESSON 6

도형은 단순하게,
아이콘은 디테일하게

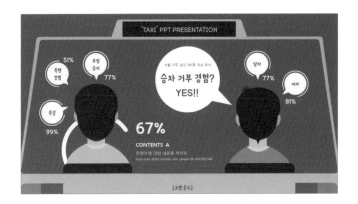

아이콘은 특징들만을 담아 단순화시키고 최소화된 형태로 만든 것이라 생각하고, 알고 있으며 또 그게 사실이기도 한데요. 하지만 그 이상으로 단순한 것은 아이콘들의 기반이기도 한 기본 도형들일 것입니다.

이번 6강에서는 도형과 아이콘의 조합, 그리고 오로지 아이콘만 이용해 만든 동일한 주제로의 인포그래픽 디자인 예시 자료를 통해 그 둘의 차이와 장단점을 확인해 볼 것입니다.

Nutrition Fact

Lesson 6

디자인에 사용된 PPT 기능은?

도형 셰이프 기능 점편집 그림자

아이콘 이미지 그라 데이션 애니 메이션 3차원 서식

사용된 컬러는?
- R : 128, G : 204, B : 200
- R : 232, G : 99, B : 66
※그 외 색상은 PPT 2013 기본 컬러

어떤 도형이 사용되었나요?

폰트가 뭐예요?
야놀자 야체, 맑은 고딕

원본 다운로드
pptbizcam.co.kr
/?p=2430

까칠한 조땡의 인포그래픽 디자인

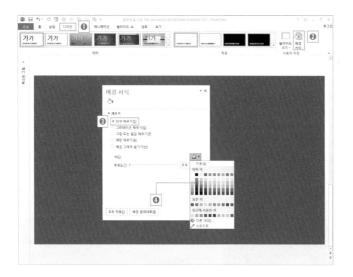

배경 채우기 - 단색 채우기

[디자인] 탭 - [배경서식] - [채우기 : 단색
채우기] - [다른 채우기 색] - [사용자 지
정]

RGB 색상 정보

● R : 89, G : 89, B : 89

※기본 그레이 색상이며, 그 외 다른 채우기 색에
서 RGB 82 정도 수준으로 지정해도 무관합니다.

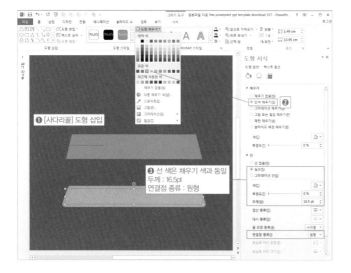

택시 천장 등 만들기

기본적인 테두리 선은 직선 또는 각진, 그래
서 딱딱한 느낌을 전해주는 스타일인데요.

[연결점 종류]를 [원형]으로 선택해주고
그 [두께] 값을 높여주면 둥근 모서리 라
인으로 처리할 수 있습니다.

전하고자 하는, 만들고자 하는 그래픽의
감성에 맞춰 이와 같은 방법을 활용해 보
세요.

※딱 두 가지만 기억해주세요.
– 채우기 색과 선 색이 동일해야 됩니다.
– 둥근 원형의 모서리 라인을 표현하기 위해서
는 해당 옵션 선택 후 두께 값을 좀 많이 키워줘
야 됩니다.

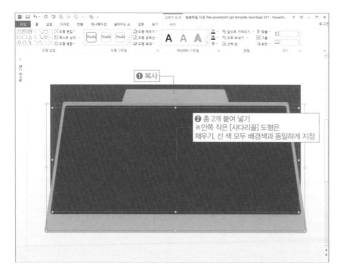

택시 창문 공간 만들기 - 뒤쪽

콘셉트를 담으면서도 단순화시키는 것이
매우 중요하겠지요?

작업의 효율성까지도 생각한다면 더더욱
그러할 텐데, 앞서 만든 천장 등 도형을 2
개 복사해 크기와 색상을 변경해 차체의
틀을 표현해 보세요.

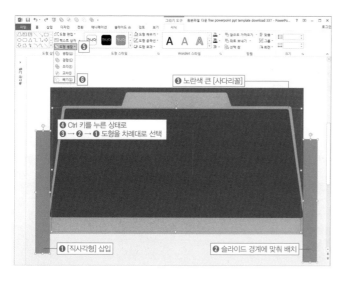

불필요한 부분 잘라내기 - 선택적 작업

본 과정은 필수적이지는 않음을 미리 전해드립니다.

노란색의 큰 사다리꼴 도형을 어떤 크기와 범위로 배치하느냐에 따라, 또는 작업자의 스타일에 따라 필요하지 않을 수 있는 단계이기 때문인데요.

사다리꼴 도형의 좌우측 라인을 슬라이드 경계에 딱 맞게 배치한 후 하단에 [모서리가 둥근 직사각형] 등으로 하단 공간을 만들어도 되니까요. 저의 경우 아주 조금이라도 더 택시의 내부 공간을 확보하기 위해 이렇게 처리를 했습니다.

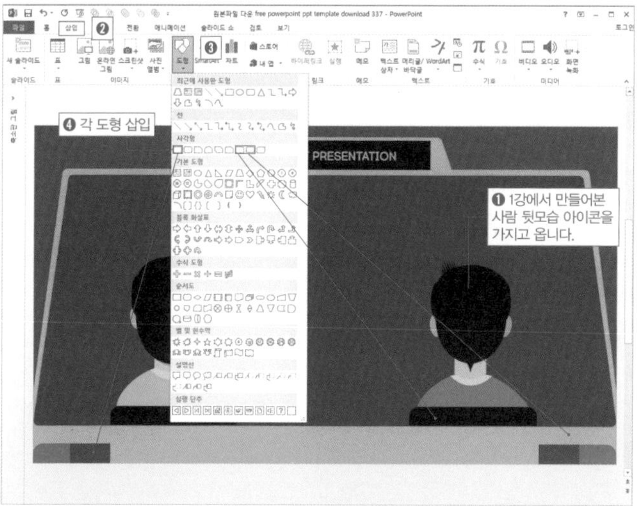

이미지 주석 내용:
- ❸ 노란색 큰 [사다리꼴]
- ❹ Ctrl 키를 누른 상태로 ❸ → ❷ → ❶ 도형을 차례대로 선택
- ❶ [직사각형] 삽입
- ❷ 슬라이드 경계에 맞춰 배치

택시 및 사람 그래픽 만들기

도형
직사각형 : 천장 등 텍스트 영역, 브레이크 등
한쪽 모서리가 둥근 사각형 : 방향 지시등
양쪽 모서리가 둥근 직사각형 : 좌석 시트

RGB 색상 정보
● [하늘색 옷] R : 128, G : 204, B : 200
● [주황색 옷] R : 232, G : 99, B : 66
● [주황색 등] R : 255, G : 51, B : 0
※ PPT 기본색
● [빨간색 등] R : 192, G : 0, B : 0
※ PPT 기본색

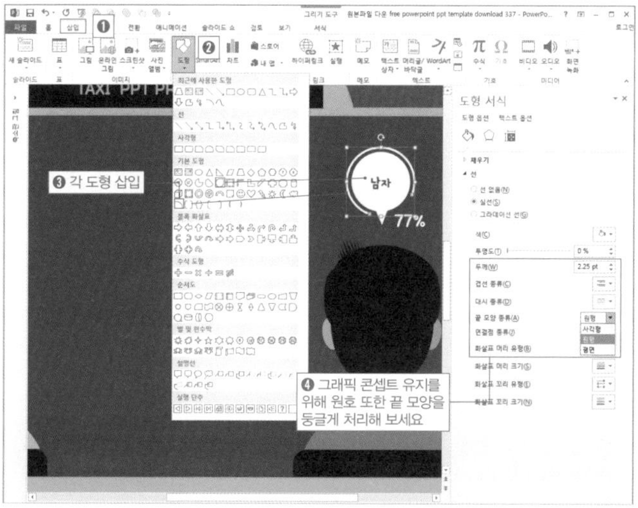

이미지 주석 내용:
- ❹ 각 도형 삽입
- ❶ 1강에서 만들어본 사람 뒷모습 아이콘을 가지고 옵니다.

레이블과 차트를 한 번에 담기

승객간의 대화, 또는 그 공간을 콘셉트로 만들어 보고 있는 이번 인포그래픽.

그 안에 담아내는 정보 또한 주제 속에서 콘셉트를 잡아 보는 것도 좋을 것 같습니다.

'대화'라는 콘셉트를 통해 자연스럽게 말풍선을 떠올리지만 우린 보통 차트와 이를 구분지어 생각하기 쉬운데요.

한 번에 담아보는 것은 어떨까요?

주제와 어울리는 말풍선. 차트 서식에 맞는 원호 또는 원형 차트.

그 둘의 연결 고리에는 '원'이 있으니까요.

이미지 주석 내용:
- ❸ 각 도형 삽입
- ❹ 그래픽 콘셉트 유지를 위해 원호 또한 끝 모양을 둥글게 처리해 보세요
- 남자 77%

최종 디자인 완성

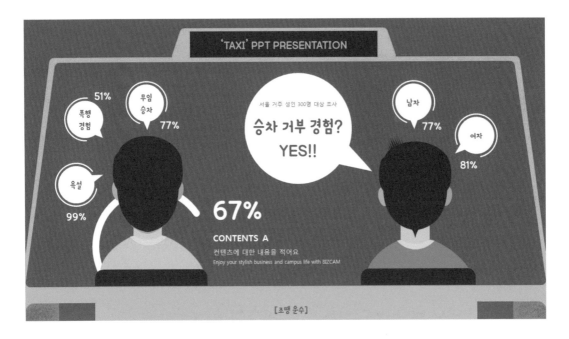

원본 파일을 다운받아 연습해 보세요.
pptbizcam.co.kr/?p=2430

그래도 어렵다면 택시, 사람 아이콘을 그대로 그래픽으로 활용해볼까요.

무료 아이콘 사이트인 플랫아이콘 (https://www.flaticon.com/)에서 person, people 그리고 taxi 등의 단어로 검색해 원하는 아이콘을 EPS 또는 PNG 형식으로 다운 받습니다.

본 예시를 만드는 데 있어 색상이나 일부 형태의 변경을 갖고 가지 않는다면 PNG 형식으로 다운 받으셔도 무관합니다.

※PPT에서 활용할 수 있도록 다운 받은 EPS 파일은 emf 또는 wmf 파일 형식으로 변환해주세요.

파일 변환 방법은 'Chapter 2. [인포그래픽 만들기] 전문적 기술 따윈 필요 없다' 내용 참고

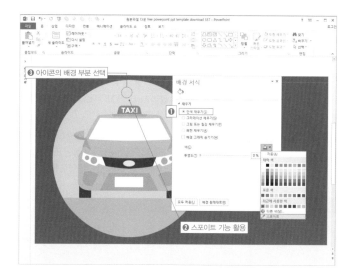

아이콘과 동일하게 배경 채우기1

제한된 크기와 고유의 형태를 갖고 있는 아이콘이기 때문에 PPT 인포그래픽에 활용하기 위해서는 최소한 그 배경을 동일하게 처리해 주는 과정이 필요한데요.

PNG 이미지 사용 시, 이와 같은 방법 외에도 직사각형 도형 등을 이용해 아이콘과 동일한 컬러로 채색 후 뒤로 배치해 주는 방법도 있는데요.

뒤 이어서 바로 알아보도록 하겠습니다.

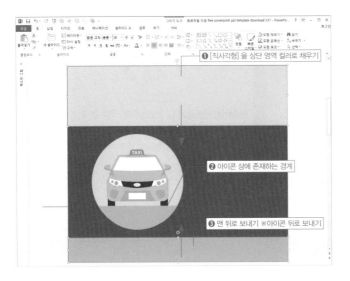

아이콘과 동일하게 배경 채우기2

본 디자인에 사용한 아이콘을 보면 상하단으로 경계가 존재하는데요.

즉 색상 차이가 있어요.

이것이 슬라이드 전체에 확장되어 적용되지 않을 경우 인포그래픽 디자인에 이질감을 갖게 하기 때문에 연속되게 처리해주는 작업이 필요한데요.

직사각형 2개를 각각 상, 하단 아이콘 색상으로 지정 후 뒤로 보내 주기만 하면 됩니다.

※EPS 아이콘을 활용할 경우 이 둘은 모두 도형 개체이기 때문에 [그리기 도구 서식] - [도형 편집] - [도형 모양 변경] - [직사각형]을 통해 도형의 형태를 띤 두 부분을 사각형으로 바꿔주세요.

그 후 좌우 길이를 늘려 슬라이드 전체에 채워지도록 해주면 됩니다.

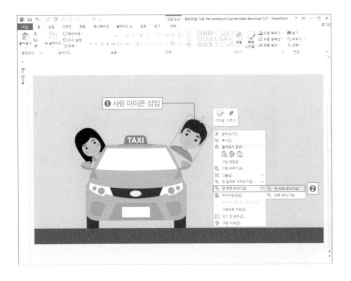

사람 아이콘 배치

아이콘을 쓸 때 그것을 그대로 이용한다면 이 보다 편한 방법은 없지만 단점은 원하는 비율, 크기 등으로 변화시키는 것이 어렵다는 건데요.

따라서 그에 맞춰 디자인의 표현 방식과 구성에 있어서도 변화가 필요해지는 부분들이 생깁니다.

사람을 그 안으로 넣을 수 없으니, 이번에는 마치 창 밖으로 고개를 내민 모습으로 구성하는 기획의 변화가 반드시 필요하겠지요?

[응용 디자인] 완성

도형의 그래픽적 가치는
충분해요

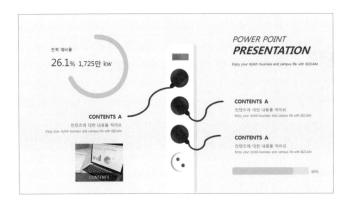

Nutrition Fact

Lesson 7

디자인에 사용된 PPT 기능은?

도형 · 셰이프 기능 · 점편집 · 그림자

아이콘 이미지 · 그라 데이션 · 애니 메이션 · 3차원 서식

사용된 컬러는?
- R : 128, G : 202, B : 213
※그 외 색상은 PPT 2013 기본 컬러

어떤 도형이 사용되었나요?

폰트가 뭐예요?
맑은 고딕

원본 다운로드
pptbizcam.co.kr
/?p=2425

까칠한 조땡의 인포그래픽 디자인

1권에서 알아봤던 것처럼, PPT 도형들은 그래픽 디자인에서 상당한 강점을 갖는데요.

우리가 아이콘 자료를 이용해 작업을 더 편하고 쉽게 할 수는 있지만 그것을 그대로만 쓰는 것은 기획력을 키우거나 정보를 효과적으로 정리, 전달함에 있어서는 그 정해진 틀 안에 가둬지게 되는 단점들도 있는 것이 사실일 것입니다.

그렇다면 아이콘 자료를 찾아보고 그 형태만을 참고해 그래픽의 표현 방법만을 알고, 참고하여 도형으로 정보에 맞는 인포그래픽 디자인을 직접 해보는 것은 어떨까요?

아이콘 자료를 찾아보는 과정에서 수 많은 예시들, 형태들은 이를 또 다른 방식으로 내용을 정리할 수 있는 기회를 주기도 하니까요.

이번 7강 예시의 전선이 설명선의 역할을 해주는 것처럼 말이에요.

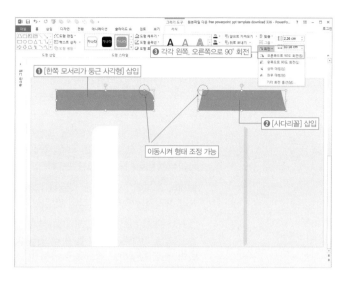

멀티탭 모양 만들기 - 기본 형태

한쪽 모서리가 둥근 사각형, 사다리꼴 도형을 이용해 입체적인 모양의 멀티탭 기본 형태를 만들어 보세요.

사다리꼴을 이용하지 않고 그림자 효과, 또는 [한쪽 모서리가 둥근 사각형]에 입체 서식을 적용하는 것으로도 표현할 수 있지만 후자의 경우 색상 표현에 있어 제한적이라는 단점이 있습니다.

디자인적 특성을 위해 이와 같이 기본 도형 중에서도 특별한 형태를 선택했는데요. 네모 반듯한 형태로 디자인하고자 하신다면 그냥 [정육면체] 도형을 활용하는 것이 가장 편하겠지요?

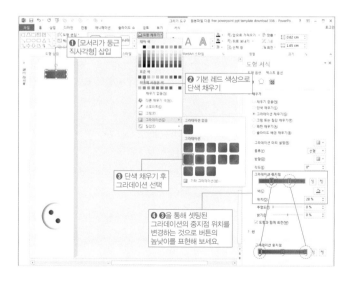

멀티탭 구멍 및
전원 버튼 만들기

음각의 형태를 갖고 있는 해당 부분들은 도형으로 모양을 잡아주고 안쪽 그림자를 지정해주는 것으로 쉽게 디자인할 수 있습니다.

전원 버튼 만들기 - 그라데이션

단색 채우기를 먼저 진행한 후, 그라데이션 옵션을 선택하면 해당 컬러를 바탕으로 명암이 자동으로 지정되기에 작업이 더 편해지는데요.

명암 차이를 통해 버튼의 높낮이를 조금 더 세밀하게 표현하고자 한다면 그라데이션의 중지점 위치를 바꿔보는 것은 어떨까요?

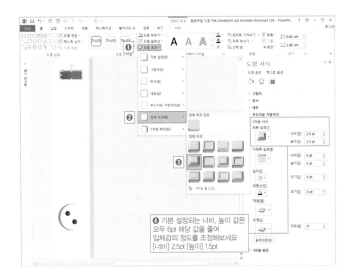

전원 버튼 만들기 - 3차원 서식

사실 그 개념이 상통하고 또 포괄적으로써 이를 포함하지만 그림, 그리고 그래픽이라는 단어로 정의하고 구분하게 되는 사람들 인식 속 기준들이 분명 있는 것 같습니다.

그림이 평면의 단순한 색감을 갖는다면 그래픽이라고 했을 때에는 더 입체적이고 사실적인 이미지들을 떠올리는데요.

실제의 모습에 더 가까운 것들을 그래픽이라 생각하는 것이 일반적일 것 같고요.

그래서 PPT 디자인에 있어 이러한 느낌을 살리는 것으로 수준을 높일 수 있는 방법이 바로 지금까지 적용해온 그림자, 그라데이션 외에도 3차원 서식 기능이 있으니 이 또한 빼먹지 말고 적용해보세요.

그것이 모두 함께할 때 퀄리티는 올라갈 것입니다.

플러그 만들기 1 - 셰이프 기능

1권에서 알아봤듯 PPT에서 어떤 형태를 만들 때 정말 유용하고 기본 도형의 수준을 넘어 다양한 모양을 만들 수 있도록 해주는 것이 Shape 기능인데요.

그냥 원으로 처리하고, 또는 아이콘을 이용하지 않고 "왜 사서 고생을 하나~" 라는 생각도 들게 할 과정일지 모르지만 그것이 작업자가 원하는 방식으로써 채색하고 효과를 적용할 수 있게 해준다는 점, 그건 곧 디테일의 차이를 통해 전체적인 완성도를 높일 수 있게 된다는 점에서 그 가치와 필요성을 느끼게 해줄 것입니다.

Shape 기능으로 원하는 모양을 만드는 것을 넘어 분리된 개체들은 색상부터 효과까지 개별 지정할 수 있어 디자인에 감성을 살려줄 거예요.

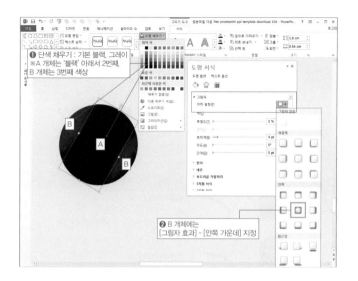

플러그 만들기 2

단색의 채우기 색상이지만 분리되어 있는 개체들의 특성을 활용하면 그림자 효과를 지정하는 것으로도 깊이는 물론 그라데이션의 효과까지 얻을 수 있습니다.

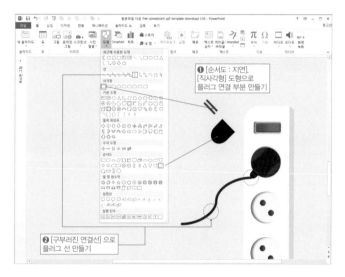

플러그 선 만들기 - 설명선의 역할

[순서도 : 지연], [직사각형], [구부러진 연결선]으로 플러그의 선을 표현해보세요.

이는 PPT 및 인포그래픽의 정보를 정리할 때 아주 유용한 설명선의 역할을 해줄 것입니다.

구부러진 연결선 세부 설정
– 두께 : 4.5pt
– 끝 모양 종류 : 원형

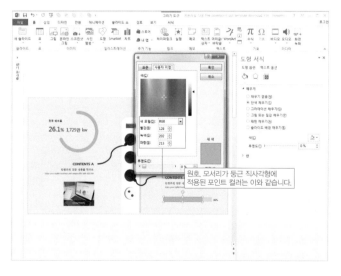

디자인 마무리

플러그의 선에 맞춰 내용을 정리해 보세요.

기존에는 볼 수 없었던 PPT 디자인이 가능해질 것이며, 전기 관련 주제로의 인포그래픽 디자인에 심플하지만 눈에 쏙 들어오게 내용을 담아낼 수 있을 것입니다.

포인트 색상 RGB 정보
R : 128, G : 202, B : 213

최종 디자인 완성

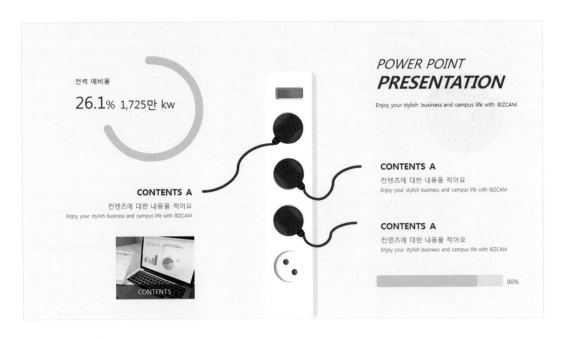

만드는 과정에 대한 보다 더 자세한 설명을
확인하고 싶다면 동영상 강의를 확인해 보세요.

P LESSON 8

배경 자체를
그래픽으로 확장하기

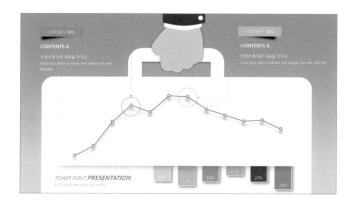

Nutrition Fact   P

Lesson 8

디자인에 사용된 PPT 기능은?

도형   세이프   점편집   그림자
      기능

아이콘   그라   애니   3차원
이미지   데이션   메이션   서식

사용된 컬러는?
● R : 253, G : 204, B : 164
● R : 253, G : 95, B : 129
● R : 95, G : 208, B : 212
※그 외 색상은 PPT 2013 기본 컬러

어떤 도형이 사용되었나요?

☐ ☐ ◯

폰트가 뭐예요?
맑은 고딕

원본 다운로드

pptbizcam.co.kr
/?p=2016

까칠한 조땡의 인포그래픽 디자인

그래픽은 항상 메인이 되어야 하는 것일까?

우리가 인포그래픽 디자인을 하다 보면 쉽게 오해하기 쉬운 것이 이것일 것 같은데요.

즉 메인 그래픽은 어떤 공간 속에 핵심으로서 자리하고 존재하며 그 역할을 해야 한다고 생각하기 쉽지만 반대로 그 자체가 배경이 되어줄 수는 없는 걸까요?

그 해법과 디자인, 표현 방식의 핵심은 전체를 PPT 슬라이드에 담아내려 하지 말고, 마치 돋보기로 특정한 부분만을 확대해 본 것처럼 그래픽의 한 부분을 배경화시키는 방법이 있을 것입니다.

직장, 회사원과 관련된 주제로 인포그래픽을 만든다고 했을 때 사람 전체의 모습을 담고자 한다면 오히려 만들기 어렵고 복잡해지며 동시에 집중시키기 어려워지곤 하지만 그 회사원의 모습 중 일부분에 포커스를 맞춰 그래픽화시켜 본다면 좋은 배경, 좋은 그래픽 모두를 잡을 수 있다고 생각합니다.

다른 것을 만들 수 있는 방법!!

그건 눈높이, 시선의 방향으로도 가능할 것입니다.

이런 말로 이번 강의를 시작해 보려 합니다.

"네 얼굴은 전체적으로 보면 평범한데 눈, 코, 입 하나 하나 보면 참 예뻐!"

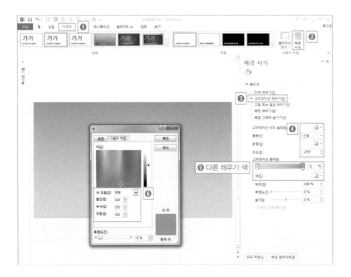

배경 채우기 - 그라데이션

[디자인] **탭** - [배경서식] - [채우기 : 그라데이션] - [다른 채우기 색] - [사용자 지정 : 각 중지점 색상 지정]

RGB 색상 정보
● [중지점 좌] R : 210, G : 213, B : 216
● [중지점 우] R : 144, G : 155, B : 161

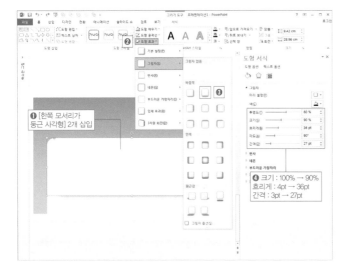

서류가방 만들기1

한쪽 모서리가 둥근 사각형 2개를 이용해 서류 가방의 기본 형태를 만드는 동시에 그림자 효과를 통해 레이아웃을 나누는 효과까지 내보세요.

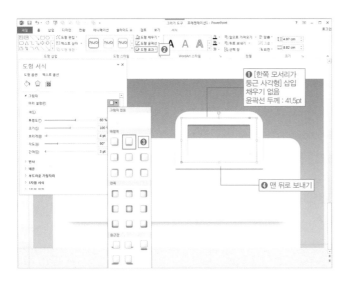

서류가방 만들기2

앞서 삽입한 [한쪽 모서리가 둥근 사각형]을 복사 붙여 넣기 하여 활용하셔도 되며, 신규 삽입할 경우를 포함하여 본 도형에는 테두리만 지정하여 뒤쪽으로 배치해주세요.

주먹 아이콘 다운로드

무료 아이콘 사이트인 플랫아이콘 (https://www.flaticon.com/)에서 fist 단어로 검색해 원하시는 아이콘을 EPS 형식으로 다운 받습니다.

※PPT에서 활용할 수 있도록 다운 받은 EPS 파일은 emf 또는 wmf 파일 형식으로 변환해주세요.

파일 변환 방법은 'Chapter 2. [인포그래픽 만들기] 전문적 기술 따윈 필요 없다' 내용 참고

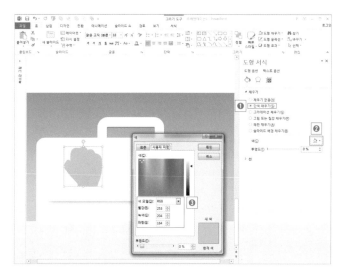

아이콘 색상 변경하기

블랙의 아이콘을 EPS로 다운 받을 경우 색상 변경이 자유로운데요.

PNG 파일로 저장하실 경우, 플랫 아이콘 자체에서 다운로드 하기 전, 사용자 지정 색상으로 색상코드 [fdcca4]를 기입 후 받아주면 됩니다.

색상 정보

- [RGB] R : 253, G : 204, B : 164
  [CODE] fdcca4

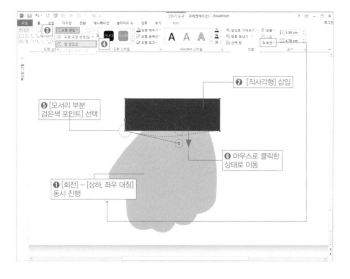

손 모양 만들기

점 편집 관련 ③~⑥ 과정은 선택 사항으로 이와 유사한 형태를 기본적으로 갖고 있는 [한쪽 모서리가 둥근 사각형], [순서도 : 지연] 등의 기본 도형을 사용하셔도 됩니다.

단, 디테일을 생각하신다면 한번 시도해보세요.

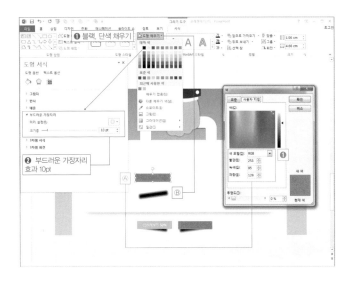

디자인 레이블 만들기

앞선 1권에서도 소개되었던 디자인 방식 인데요.

기본 그림자 효과를 이용하지 않고 [부드 러운 가장 자리] 효과를 이용하면 원하는 모양, 크기, 각도를 자유롭게 설정하며 그 림자를 표현할 수 있습니다.

해당 개체의 틀을 벗어나기 힘든 PPT 그 림자 효과를 보완할 수 있는 방법이기도 하고요.

RGB 색상 정보

● [핑크] R : 253, G : 95, B : 129
● [민트] R : 95, G : 208, B : 212

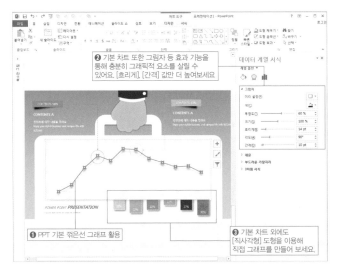

차트 등 정보 구성

시안상에 포함된 본문의 내용이 큰 의미 는 없지만, 이를 통해 전하고 싶은 것이 있다면 바로 '디테일'인데요.

사실 그림자를 넣거나 또는 차트 기능을 활용하지 않고 직접 도형으로 그래프를 만드는 것들이 아주 작은 것으로 보여지 고 또 한편으로는 비효율적인 작업 방식 으로 비춰질 수도 있지만 그것들이 그래 픽, 디자인에 있어 엄청난 차이들을 가지 고 오거든요.

그것을 알 수 있는 방법은 역시나 기본 차 트 그대로를 넣어 보는 것이겠지요?

차트를 구성하는 범례, 데이터 레이블 등 각 요소들에 대한 관심, 꼭 필요합니다.

막대 그래프 영역 RGB 색상 정보

● [민트] R : 146, G : 224, B : 226
● [블루] R : 132, G : 151, B : 176
● [주황] R : 253, G : 97, B : 0

※그 외 색상은 PPT 2013 기본 컬러입니다.

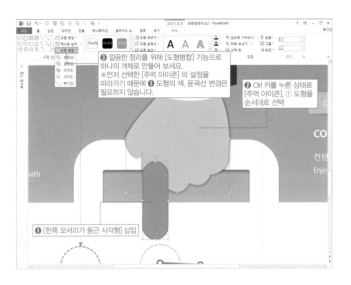

❸ 깔끔한 정리를 위해 [도형병합] 기능으로 하나의 개체로 만들어 보세요.
※먼저 선택한 [주먹 아이콘] 의 설정을 따라가기 때문에 ❶ 도형의 색, 윤곽선 변경은 필요하지 않습니다.

❷ Ctrl 키를 누른 상태로 [주먹 아이콘] ① 도형을 순서대로 선택

❶ [한쪽 모서리가 둥근 사각형] 삽입

변화와 응용은 대단한 것이 아니에요.

"본문 내용 중 이것을 강조하고 싶어"

만약 이런 생각을 하게 된다면 우린 이 PPT 인포그래픽에서 어떤 변화, 효과, 추가 개체 삽입 등을 하는 것으로 표현할 수 있을까요? 박스를 친다? 화살표를 그려준다? 다양한 방법이 있겠지만 인포그래픽적 관점에서, 또 그러한 접근법으로써 우리가 지금까지 만든 디자인의 전체적인 구성과 특징 속에서 그 해답을 찾아 보는 것도 좋을 것 같은데요. 주먹을 넣었고 그것이 서류가방을 잡고 있는 그래픽의 역할만 한다? 보다 더 유연한 사고를 해본다면, 검지 손가락 하나, 도형 하나로 그래픽에서 해법을 찾을 수 있을 거예요.

최종 디자인 완성

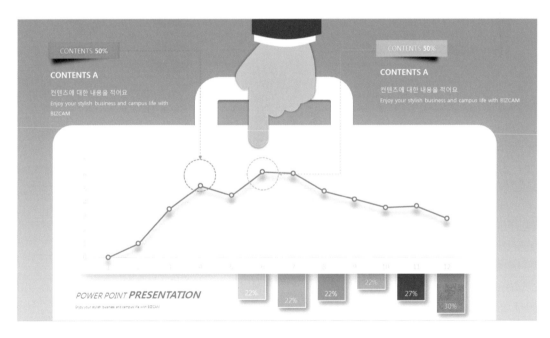

원본 파일을 다운받아 연습해 보세요.
pptbizcam.co.kr / ?p=2016

P LESSON 9

잠깐의 번거로움과 귀찮음은
결과로 위로받아요

한 땀 한 땀, 손수 디자인한다는 의미!!
선 하나, 각도 하나, 그 미세한 크기나 색상의 차이들까지도 그래픽 디자인에서는 큰 차이를 만들어 내게 되고 그것은 PPT 인포그래픽에 대해 선입견으로 갖고 있을 제한적 기능, 표현의 약점이 존재한다는 생각을 완전히 깨뜨려 버릴 수 있게 도와줄 것입니다.
필요한 것은 말 그대로 조금 더 수고스러워야 한다는 것.
하지만 충분한 가치가 있다는 것!!
마지막으로 본 예시에서 사용된 PPT 기능의 특성상 디자인에 정답은 없다는 것을 강조하며 별거 아닌 그 수고스러움이 얼마나 큰 차이를 만들어내는지 확인해 보도록 할까요.

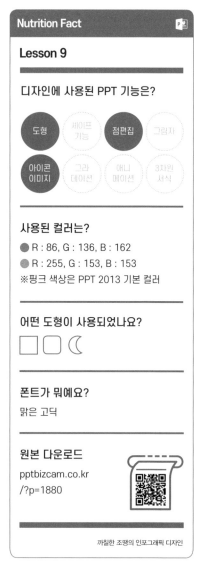

Nutrition Fact P

Lesson 9

디자인에 사용된 PPT 기능은?

도형 · 세이프 기능 · 점편집 · 그림자
아이콘 이미지 · 그라 데이션 · 애니 메이션 · 3차원 서식

사용된 컬러는?
● R : 86, G : 136, B : 162
● R : 255, G : 153, B : 153
※핑크 색상은 PPT 2013 기본 컬러

어떤 도형이 사용되었나요?

폰트가 뭐예요?
맑은 고딕

원본 다운로드
pptbizcam.co.kr
/?p=1880

까칠한 조땡의 인포그래픽 디자인

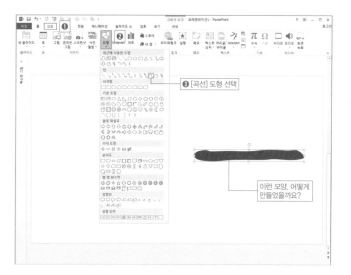

곡선 도형의 활용 1

항상 네모 반듯한, 조금 더 나아가 봐야 모서리가 둥근 기본 도형을 선택하는 것.

그것이 우리가 PPT를 만들 때 지극히 자연스럽고 당연하게 선택하던 레이블의 기본 형태들이었을 거예요.

쉽고 효율적이며 효과적이니까요.

물론 디자인적으로도 깔끔한 이미지를 갖기도 하고요.

하지만 아쉬운 것은 너무 뻔하다는 것이겠죠?

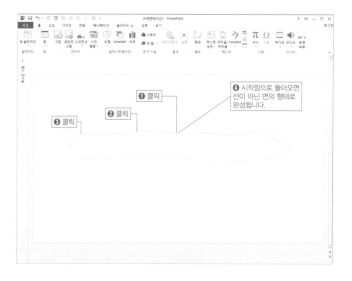

곡선 도형의 활용 2

원하는 모양의 형태를 대략적으로만 잡아간다는 생각으로 클릭해가며 라인을 이어주세요.

처음부터 완성된 형태를 만든다고 생각하지 않아도 되는 이유는 점 편집 기능을 활용해 미세 조정이 가능하기 때문인데요.

이는 바로 이어서 확인해 보도록 하겠습니다.

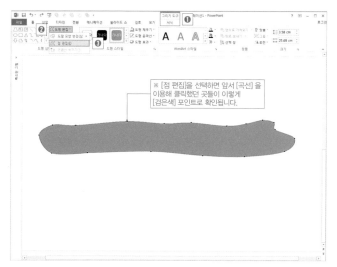

점 편집으로 형태 조정하기

[점 편집] 기능을 선택하면 이와 같이 검은색의 포인트가 생겨나는 것을 확인할 수 있는데요.

이는 앞서 곡선 도형을 이용해 기초 형태를 만들어줬던 과정에서 클릭했던 그 포인트에 해당함을 알 수 있습니다.

이를 이동시켜 도형의 라인, 형태를 변화시킬 수 있어요.

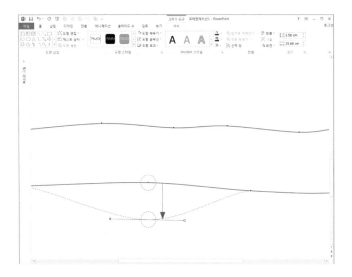

꼭짓점 위치 변경

[블랙 포인트]를 마우스로 선택한 상태로 이동시키면 이처럼 해당 포인트와 연결된 좌우 꼭짓점 라인은 유지된 상태로 도형의 라인이 변경되는 것을 확인할 수 있습니다.

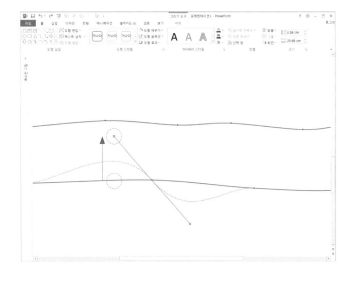

라인 변경

[블루 포인트 라인]을 마우스로 선택한 상태로 이동시키면 꼭짓점 위치는 고정되어 있으면서 좌우의 타 라인과 이어지는 선의 형태를 곡선을 기본으로 형태 변경할 수 있습니다.

※이 [블루 포인트 라인]은 [블랙 포인트]를 한번 더 선택했을 때 활성화되는 점 기억해주세요.

정답은 없어요. 원하는 형태, 라인을 잡아가세요.

곡선 도형을 이용해 비정형의 도형 형태를 만드는 것이 이번 강의의 핵심이기 때문에 반드시 시안과 동일하게 만드실 필요는 없습니다.

전해드린 점 편집 기능의 특징을 이용해 마음에 들지 않거나 변경하고 싶은 라인을 수정해 보세요.

동일한 예시를 갖고 갈 수 없는 본 기능의 특성상 지금 바로 파워포인트 슬라이드를 열어 점 편집의 특징을 직접 확인해 보는 것이 중요합니다.

블랙/블루 포인트와 라인의 이동이 어떤 방식으로 형태를 바꿔주는지 지금 확인해 보세요.

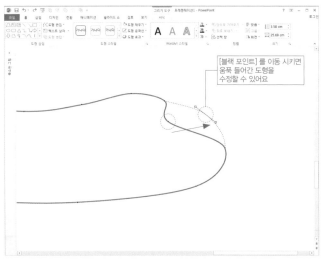

[블랙 포인트]를 이동 시키면 움푹 들어간 도형을 수정할 수 있어요

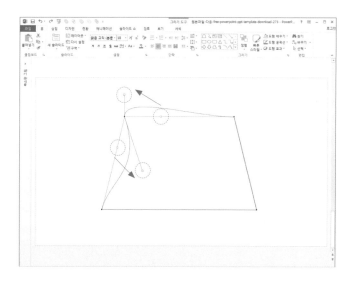

기본 도형의 변형 - 사다리꼴

PPT에서 제공하는 말 풍선이 아니라 그
와 유사한 형태를 갖고 있는 기본 도형을
점 편집해 색다른 디자인 개체를 만들 수
있지 않을까요.

사다리꼴 도형을 삽입해 총 4개의 모서리
부분을 점 편집하여 직선과 직각의 라인
을 수정해보세요.

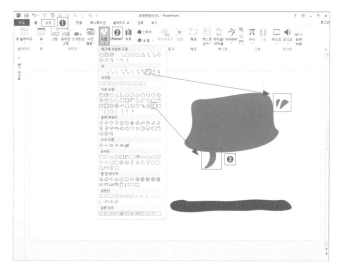

포인트 요소 만들기

말풍선에서 흔히 볼 수 있는 설명선 부분
은 [달] 도형으로, [곡선]을 이용해 마치
그 말에 "땀이 삐질~" 하고 흐르는 것 같
은 느낌이 날 수 있게 도형에 이미지를 담
아 보세요.

RGB 색상 정보

● R : 86, G : 136, B : 162

[도형 채우기] - [다른 채우기 색] – [사용
자 지정] - [RGB 값 입력]

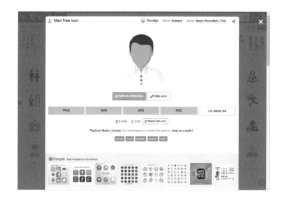

사람 아이콘 다운로드

무료 아이콘 사이트인 플랫아이콘 (https://www.flaticon.com/)에서 person, people 그리고 analytics, presentation, business man 등의 단어로 검색해 원하는 아이콘을 EPS 형식으로 다운 받습니다.

이렇게 여러 개의 아이콘을 다운 받은 이유는 하나에 원하는, 표현하고자 하는 이미지가 담겨있지 않을 때 각 요소들을 조합해 보완할 수 있기 때문입니다.

※PPT에서 활용할 수 있도록 다운 받은 EPS 파일은 emf 또는 wmf 파일 형식으로 변환해주세요.

파일 변환 방법은 'Chapter 2. [인포그래픽 만들기] 전문적 기술 따윈 필요 없다' 내용 참고

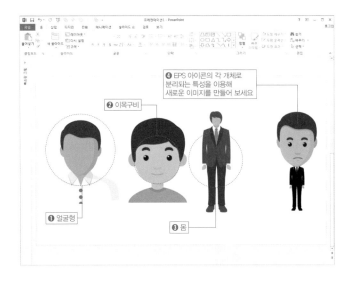

서로 다른 아이콘 조합하기

EPS 아이콘의 가장 큰 특징이자 장점, 그리고 우리가 이 형식의 PPT 디자인에 활용하는 이유는 전 구성 개체가 분리되고 이들이 도형화된다는 것 때문인데요.

그렇다면 단 하나로 원하는 그래픽을 얻지 못하는 상황일 때, 오늘의 주요 기능인 점 편집이 그렇듯이 조금은 더 수고스럽고 번거로워질지라도 여러 개의 아이콘을 조합해 새로운 하나를 만들어 보시는 것은 어떨까요?

작은 차이가 만들어낸 디자인의 변화

무엇이 잘못되고 문제인 것을 말하는 것이 아님을 독자분들께서도 충분히 알고 계실 것이라 생각합니다.

어쩌면 인포그래픽이 아니더라도 1권에서 강조했듯 우리의 PPT 디자인이 획일적이고 또 다양한 개성을 담아내지 못하는 이유는 우리 스스로가 편하게 만들어진 무료 PPT 템플릿을 다운 받기 위해 하루 종일 검색하고 있는 것처럼, 편안함만을 추구하기 때문은 아닐까요.

2권에서도 역시나 그것을 전하고 싶습니다.

직접 만들어 보는 시간!

누군가 만들어둔 자료를 찾는 시간보다 오래 걸리거나 어렵지 않습니다.

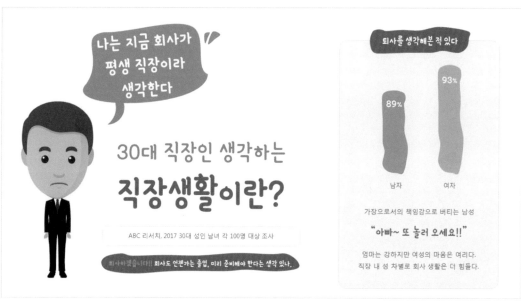

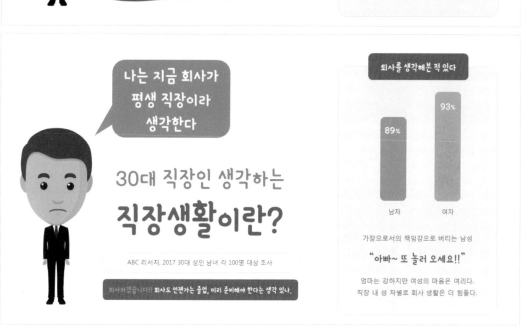

원본 파일을 다운받아 연습해 보세요.
pptbizcam.co.kr/?p=1880

 LESSON 10

지도를 활용한
인포그래픽 디자인

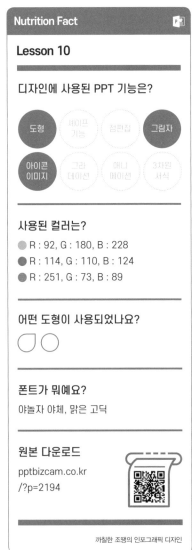

지역적 정보를 담고 있는 인포그래픽을 만들 때 반드시 필요로 하게 되는 것이 바로 지도일 텐데요.

이미지, 그리고 일러스트와 같은 그림체가 서로 갖고 또 전하는 느낌은 지극히 상반되고 인포그래픽에 있어서는 후자의 감성이 더 잘 어우러지는 것은 물론 정보의 표기와 구성에 있어서도 강점을 갖지요.

하지만 지도 이미지는 구하기 쉬워도 도형이나 일러스트 그림은 찾기 힘들며 국내 지도의 경우 특히 더 어려운 것이 사실입니다.

그렇다면, 일러스트의 작업 방식을 응용해 도형으로 실사의 지도 이미지를 따라 그림을 그려 보는 것은 어떨까요?

마치 기름 종이를 위에 올려 놓고 무언가를 따라서 그리던 어린 시절, 학창 시절의 기억과 경험처럼 [자유형] 도형 등은 이를 가능하게 해줄 것입니다.

포털 사이트 지도 이미지 저장

국내 대형 포털 사이트의 지도 서비스에서는 자신이 보고 있는, 원하는 지도의 일부분을 이미지 파일로 저장할 수 있는 기능을 제공하고 있습니다.

본 인포그래픽 디자인 예시에서는 강원도 동해안(고성~삼척)의 해안선을 표현하기 위해 해당 지역을 이미지 파일로 우선 다운로드 하였습니다.

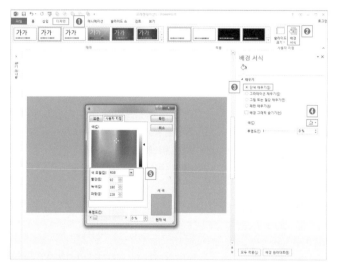

배경 채우기 - 단색 채우기

[디자인] 탭 - [배경서식] - [채우기 : 단색 채우기] - [다른 채우기 색] - [사용자 지정]

RGB 색상 정보

⬤ R : 92, G : 180, B : 228

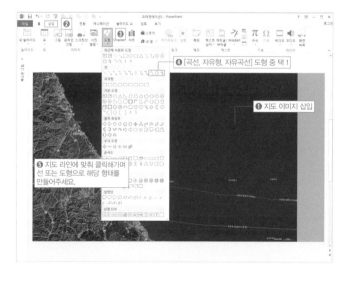

지도를 따라 라인 따기

일러스트에서 펜 툴을 이용해 바탕이 되는 이미지 등의 라인을 그대로 따라 그리는 작업들을 진행할 수 있는데요.

이러한 작업 방식을 응용해 PPT에서는 [곡선, 자유형, 자유곡선] 도형을 이용해 지도 이미지에 나타나는 해안선 라인을 따라 클릭해가며 라인을 이어주면 해당 모양으로 선 또는 도형(면)의 형태로 하나의 디자인 개체를 만들 수 있습니다.

꼭 도형(면)으로 만들어야 되나요?

그렇지는 않습니다.

디자인의 방향에 따라 해안선을 따라 만든 선의 형태만으로 진행하셔도 되는데요.

본 예시의 경우, 하나의 면 형태로 전체를 이어준 이유는 배경과 해당 영역간에 색상 차이를 주기 위해서는 선은 단점이 존재했기 때문입니다.

하지만 하나를 선택하면 또 하나를 포기하거나 보완할 추가 작업이 필요해지기는 하겠지요?

이는 바로 이어서 알아볼 수 있도록 하겠습니다.

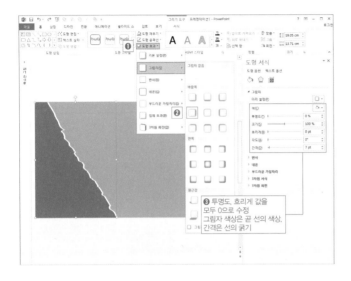

그림자를 이용해 선 표현하기

각 도형 효과들이 갖고 있는 기본 개념들, 그리고 그것을 구성하고 변경할 수 있는 항목들의 구성을 살펴보고 응용하면 이를 다른 방식으로 디자인에 활용할 수 있는데요.

흐리고 은은하게 처리되는 그림자를 명확한 경계를 갖도록 만든다면 어느 한 방향으로만 그려진 선으로 표현할 수 있겠지요?

앞선 과정에서 선이 아닌 도형으로 만든 지도 모양의 우측 면에 선을 만들고자 할 때, 그림자 효과를 이용해보세요.

다시 선을 만들지 않아도, 전체 면을 감싸며 지정되는 도형 윤곽선 지정의 단점을 보완해줄 수 있을 것입니다.

지도 형태 도형 RGB 색상 정보
● R : 114, G : 110, B : 124

눈물방울 도형으로
포인트 레이블 만들기

지도를 활용한 인포그래픽 디자인이기 때문에 그 포인트 요소들 또한 콘셉트에 맞는 것이 좋겠지요?

아이콘을 다운 받아 활용할 수 있지만, [눈물 방울] 도형을 이용해 Map pin을 만들어 보세요.

※135° 회전 방법
1. [Alt] + [→] 9회 : 방향키 1회당 15° 씩 회전
2. [도형서식] - [크기 및 속성] - [회전 값 입력]

맵핀 RGB 색상 정보
● R : 251, G : 73, B : 89

아이콘 활용 디자인 마무리

무료 아이콘 사이트인 플랫아이콘 (https://www.flaticon.com/)에서 fish 또는 sea 등 본문 내용과 어울리는 주제의 단어로 검색해 원하시는 아이콘을 PNG 또는 EPS 형식으로 다운 받습니다.

이렇게 포털 사이트의 지도 이미지를 바탕으로 PPT 도형을 더해 지역의 모양을 만들어주면 어떤 곳이든 인포그래픽 안에 담아낼 수 있겠지요?

TIP. 전세계 지도를 SVG 파일로 다운 받아 활용하는 방법

Amchart라는 해외 무료 콘텐츠 사이트 (https://www.amcharts.com/svg-maps/)에서는 한국을 포함한 전세계 국가의 지도를 SVG 파일로 다운 받을 수 있는데요.

우리가 EPS 아이콘을 PPT에서 활용하듯이 SVG 지도 파일을 파일 변환 사이트를 통해 emf 또는 wmf 파일 형식으로 변환해주면,

원하는 지도를 도형의 형태로 디자인에 활용할 수 있게 됩니다.

물론 우리가 정말 바라는 것처럼, 모든 행정 구역별로 나뉘어지지 않고 광역시도를 기준으로 대한민국 지도 자료가 제공되지만 인포그래픽 디자인에 있어 상당한 도움을 줄 것이라 생각합니다.

emf/wmf 로 변환된 SVG 지도 파일의 활용

모든 방식은 EPS 아이콘을 이용하는 것과 동일합니다.

이에는 변환의 과정은 물론 PPT에 삽입 후 [그룹해제]를 2회 진행해주면 각각의 개체들로 분리되는 특징, 그리고 각 개체들은 도형으로써 모든 PPT 기능과 효과 적용이 가능하다는 것까지 포함됩니다.

보이시죠?

경기도만 다른 색상으로 칠해진 모습.

이는 곧 이번 자유형 도형 등을 이용해 만든 지도 형태 역시도 강원도 개체만을 남기고, 슬라이드 영역에 맞춰 외곽 라인을

[도형 빼기]로 잘라내 주면 동일한 인포그래픽 디자인이 가능해짐을 말해주는 것이기도 할 것입니다.

무엇보다 이 자료 자체만으로도 지역별 데이터를 보여주는 인포그래픽 디자인에 충분한 가치가 있음을 알 수 있습니다.

최종 디자인 완성

원본 파일을 다운받아 연습해 보세요.
pptbizcam.co.kr/?p=2194

P LESSON 11

주제 속에 차트가 보인다
feat 양치질

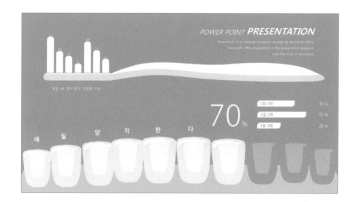

Nutrition Fact P

Lesson 11

디자인에 사용된 PPT 기능은?

도형   셰이프 기능   점편집   그림자

아이콘 이미지   그라 데이션   애니 메이션   3차원 서식

사용된 컬러는?
- R : 83, G : 172, B : 188
- R : 255, G : 204, B : 204

어떤 도형이 사용되었나요?
☐ ☐

폰트가 뭐예요?
맑은 고딕

원본 다운로드
pptbizcam.co.kr
/?p=2054

까칠한 조땡의 인포그래픽 디자인

본 책 [Chapter 1]의 내용을 혹시 기억하시나요?
다르면서도 같은, 또 같은 듯 하면서도 다른 PPT와 인포그래 픽 디자인의 표현, 디자인 방식에 있어서 강조했던 사항들이 몇 가지 있는데요.
"기본에 콘셉트라는 옷을 입히자. 같은 모양, 기능을 할 수 있 는 대상을 주제 속에서 찾자!!"
라는 것이 그 첫 번째였습니다.
어차피 그래프를 넣을 것이라면 그것에 주제와 콘셉트를 담 아내는 것이 인포그래픽 디자인의 가장 기초적이면서도 합리 적인 방법일 텐데요.
양치, 칫솔, 치아 건강!!
그 속에서 찾아볼 수 있는 차트의 모습과 기능.
그건 칫솔모, 그리고 내용상 상통할 썩은 치아들도 해당되지 않을까요?

아이콘 다운로드

무료 아이콘 사이트인 플랫아이콘 (https://www.flaticon.com/)에서 teeth 그리고 toothbrush 등의 단어로 검색해 원하는 아이콘을 EPS 형식으로 다운 받습니다.

칫솔 아이콘의 경우, PPT 기본 도형으로도 충분히 만들 수 있으니 직접 만들어 보는 것도 디자인 연습에 도움이 될 것입니다.

※PPT에서 활용할 수 있도록 다운 받은 EPS 파일은 emf 또는 wmf 파일 형식으로 변환해주세요.

파일 변환 방법은 'Chapter 2. [인포그래픽 만들기] 전문적 기술 따윈 필요 없다' 내용 참고.

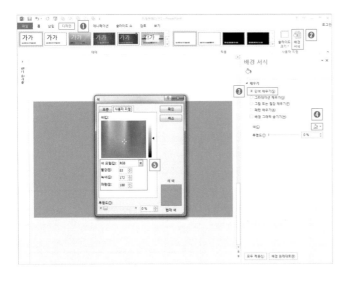

배경 채우기 - 단색 채우기

[디자인] 탭 - [배경서식] - [채우기 : 단색 채우기] - [다른 채우기 색] - [사용자 지정]

RGB 색상 정보

● R : 83, G : 172, B : 188

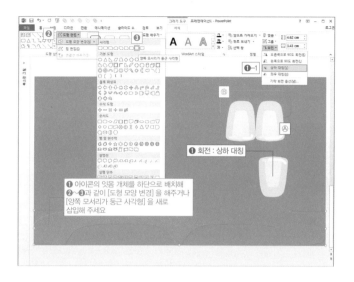

치아 아이콘 삽입 및 변형

치아 자체를, 그 개수나 색상의 차이를 통해 차트의 데이터 영역으로 활용해볼 수 있을 텐데요.

기존 아이콘의 구성 개체들을 PPT 슬라이드에 재구성하는 과정이 우선 필수적일 것입니다.

치아 아이콘 개체 A

윗니, 아랫니 어떤 부분을 그래픽으로 표현할지, 그리고 인포그래픽의 구성을 어떻게 할지에 따라 진행 여부가 결정될 텐데요.

아래쪽으로 배치하고자 하실 경우에는 [그룹 지정] 후 [상하 대칭]으로 회전시켜 주세요.

잇몸 아이콘 개체 B

조삼모사의 작업 개념이기는 한데요.

[도형 모양 변경] 기능을 이용하면 색상 선택, 신규 도형 추가의 수고를 덜 수 있겠죠?

하지만 [양쪽 모서리가 둥근 사각형]을 처음부터 새로 삽입해주는 것과 큰 차이는 없다는 점~

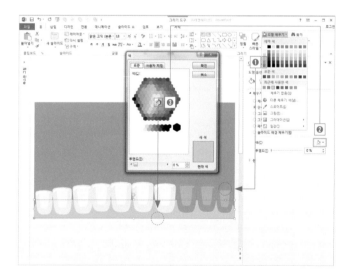

색상 변경 - 데이터 값의 표현

썩은 치아와 정상 치아와의 색상 차이를 통해 데이터 값을 표현해 보세요.

주제 속 대상을 통해 정보를 쉽게 담고 표현할 수 있을 것입니다.

RGB 색상 정보

[핑크] R : 255, G : 204, B : 204
[그레이] R : 191, G : 191, B : 191
[다크 그레이] R : 166, G : 166, B : 166
※모두 PPT 2013 기본 색상입니다.

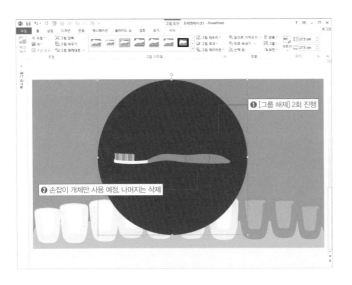

칫솔 아이콘의 활용

양치, 치아 건강 등을 생각하면 당연히 떠오르는 그래픽 대상이 바로 칫솔이지요?

그 기본 형태상에서 우린 [막대 그래프]의 모습을 찾을 수 있는데요.

아이콘 자료를 이용해 디자인 편의성과 완성도를 높이고 기존의 칫솔모 부분에 차트를 활용해 데이터를 담아내는 것으로 인포그래픽 디자인을 완성할 것입니다.

※여기서 잠깐!!
미리 준비하신 칫솔 모양 아이콘이 단순할 경우, 다음 페이지부터 이어지는 작업은 필요하지 않을 수 있습니다. 작업을 더욱 편하게 하고자 하신 다면 형태가 단순한 아이콘, 또는 [모서리가 둥근 직사각형]을 이용해 만들어 보실 것을 권해드립니다.

칫솔 아이콘 변형 - 선택적 진행

본 작업 단계부터는 앞서 전해드린 것과 같이 칫솔 아이콘의 형태가 단순할 경우 필요하지 않은 과정입니다.

PPT 기본 차트와 아이콘의 조화로운 배치, 그리고 디테일을 살리기 위한 과정임을 다시 한번 강조해 말씀드리며, 단순한 형태의 아이콘을 이용하시면 인포그래픽 디자인 작업이 더 쉬워집니다.

음영 표현하기 - 선택적 진행

동일한 칫솔 모양의 도형을 서로 위치를 달리해 [도형 빼기]를 진행해주세요.

남겨진 칫솔 모양의 일부 형태를 원상태의 도형 위에 투명도를 지정해 겹쳐 배치해주면 음영 표현이 가능해집니다.

※레드 ①~② 과정은 해당 형태가 아이콘, 기본 도형의 분리된 2개의 개체로 구성되어 있기 때문에 Shape 기능(도형 빼기)의 편의를 위해 [도형 병합] 시켜준 과정입니다.

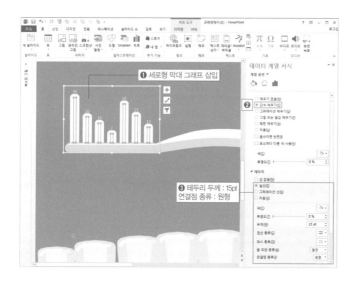

기본 차트 삽입 - 막대 그래프

칫솔모 부분의 형태적 특징은 차트의 막대 그래프와 유사하지요? [데이터 계열 서식] - [계열 옵션]에서 테두리의 굵기를 늘리고, [연결점 종류]를 '원형'으로 처리함으로써 차트를 이용하지만 칫솔모의 그래픽 디자인 콘셉트를 유지하고 강화시킬 수 있도록 해봅니다.

최종 디자인 완성

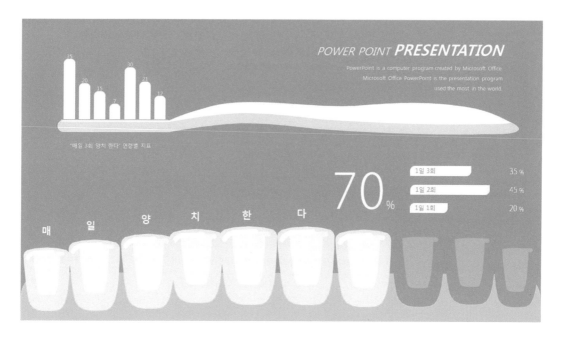

원본 파일을 다운받아 연습해 보세요.
pptbizcam.co.kr/?p=2054

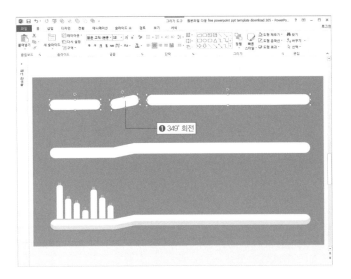

[응용 디자인]
도형으로 만들어 보는
칫솔 디자인1

길이, 각도가 다른 [모서리가 둥근 직사각형] 3개를 이용해 칫솔 모양을 만들어 보세요.

같은 모양의 아이콘을 쉽게, 다수 구할 수 있지만 변환 과정을 생각한다면 어쩌면 도형을 바로 삽입해 만드는 것이 더 편할지도 모릅니다.

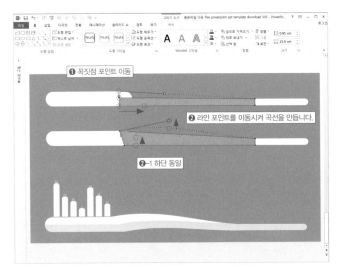

도형으로 만들어 보는
칫솔 디자인2 - 점 편집

[모서리가 둥근 사각형] 사이에 [직사각형]을 배치해 점 편집을 해보세요.

곡선은 디자인을, 그리고 아이콘 부럽지 않은 완성도를 가져다 줄 것입니다.

[응용 디자인] 완성

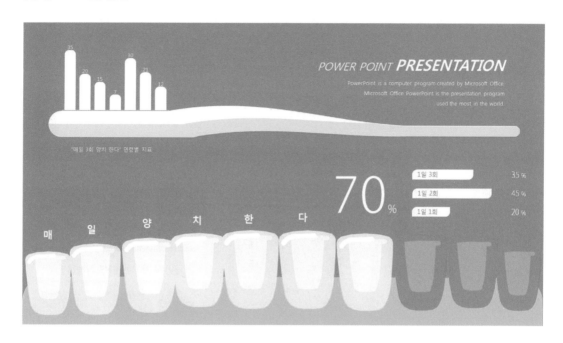

LESSON 12

주제 속에서 차트 찾기
두 번째, 라면은?

11강에 이은 "주제와 그래픽 속에서 차트 찾기" 반복 연습.
이를 연속해서 전하는 이유는 이것이 인포그래픽적 접근의
기본이자 기초이며 가장 명확한 정보 전달을 가능하게 하는
방법이기 때문인데요.
본 책의 서론에서 강조했던 핵심과 결론은 "주제 속에 기획
도, 아이디어도, 그래픽도, 정보도 모두 존재한다."는 것이었
지요?
인포그래픽 디자인을 하는 작업자가 어렵게 생각하고 복잡하
게 접근한다면, 그것을 볼 대중 또한 그 정보의 해석에 어려
움을 겪을 것입니다.
주제가 곧 그래픽이고, 정보를 담아내는 그릇임을 잊지 않으
셨으면 합니다.

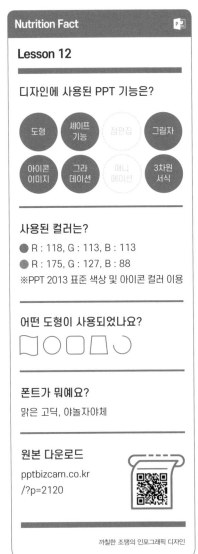

Nutrition Fact

Lesson 12

디자인에 사용된 PPT 기능은?

도형　셰이프 기능　점편집　그림자

아이콘 이미지　그라 데이션　애니 메이션　3차원 서식

사용된 컬러는?
● R : 118, G : 113, B : 113
● R : 175, G : 127, B : 88
※PPT 2013 표준 색상 및 아이콘 컬러 이용

어떤 도형이 사용되었나요?

폰트가 뭐예요?
맑은 고딕, 야놀자야체

원본 다운로드
pptbizcam.co.kr
/?p=2120

까칠한 조땡의 인포그래픽 디자인

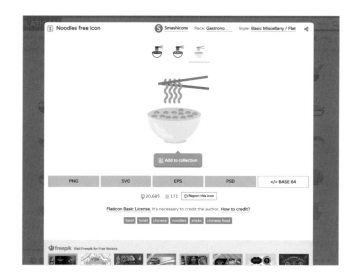

아이콘 다운로드

무료 아이콘 사이트인 플랫아이콘 (https://www.flaticon.com/)에서 noodles 등의 단어로 검색해 원하시는 아이콘을 EPS 형식으로 다운 받습니다.

※PPT에서 활용할 수 있도록 다운 받은 EPS 파일은 emf 또는 wmf 파일 형식으로 변환해주세요.

파일 변환 방법은 'Chapter 2. [인포그래픽 만들기] 전문적 기술 따윈 필요 없다' 내용 참고.

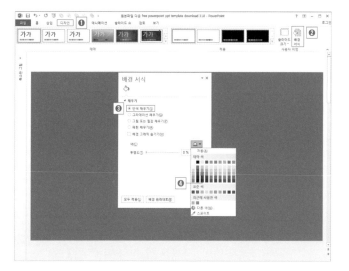

배경 채우기 - 단색 채우기

[디자인] 탭 - [배경서식] - [채우기 : 단색 채우기] - [다른 채우기 색] - [사용자 지정]

RGB 색상 정보

● R : 118, G : 113, B : 113

※PPT 2013 표준 색상

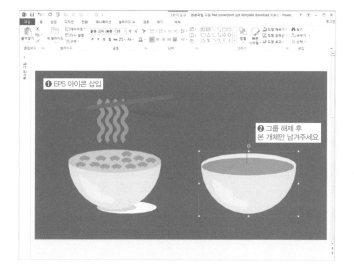

필요한 아이콘 부분만 남기기

emf/wmf 파일 형식으로 변환한 EPS 파일을 2번 연속 그룹해제 하여 그릇과 라면 국물 부분만을 남기고 전체 삭제해주세요.

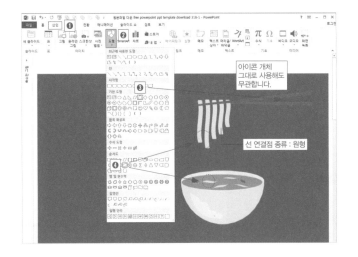

도형으로 그래프 만들기

물결 도형을 이용해 젓가락으로 들어올린 면발을 막대 그래프로 디자인해 보세요.

주제 속에서 차트를 찾는 것, 그 형태로써 충분할 것입니다.

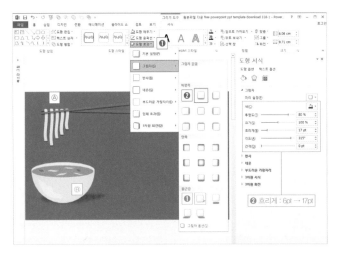

그림자 효과 지정

그림자 효과를 통해 입체감을 살려주면 그래픽 디자인의 수준이 올라갈 것입니다.

기본 그림자 효과 지정 후 흐리게, 간격 등 세부 옵션 항목들을 직접 수정해보며 더 자연스러운 효과를 내보는 시도, 습관화 된다면 자신의 PPT가 그 작은 차이만으로 달라질 거예요.

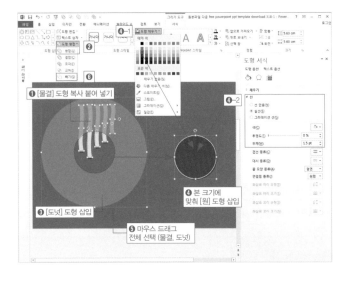

그래프를 확대시킨 디자인 해보기 1 - Shape 기능 활용

물결 도형으로 만든 막대 그래프를 복사해와 [도형 병합]을 시켜주세요.

※이어서 진행할 [도형 빼기]의 편의를 위한 선행 과정입니다.

돋보기 모양 안에 들어갈 부분만을 잘라내기 위해 [도넛] 도형으로 바깥쪽 영역을 가려줍니다.

[도넛] 도형 안쪽의 원이 돋보기 안에 들어갈 부분이 되겠지요?

과정 ③~⑥을 통해 만든 잘려진 [물결 도형 - 라면 면발]과 도넛 도형 안쪽의 원 크기에 맞춰 새로 삽입한 원 도형(④번 과정)을 서로 겹쳐서 배치해 보세요.

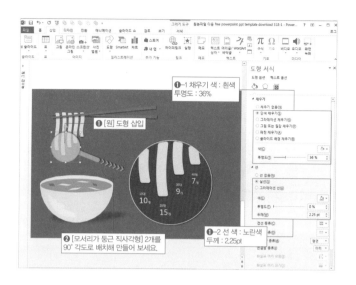

그래프를 확대시킨 디자인 해보기 2 – 돋보기 모양 만들기

[원형] 도형과 [모서리가 둥근 직사각형]을 이용해 돋보기 모양과 화살표 모양을 만듭니다.

추가적인 데이터를 표현하고자 할 때에는 완성 시안과 같이 [원호]를 이용해 외곽 라인을 따라 원형 그래프를 담아 보셔도 좋습니다.

최종 디자인 완성

만드는 과정에 대한 보다 더 자세한 설명을 확인하고 싶다면 동영상 강의를 확인해 보세요.

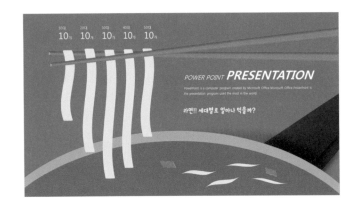

[응용 디자인]
같은 주제, 다른 시각

똑같은 것을 보더라도 사람에 따라 다른 해석을 하고 다른 느낌을 받는 이유는 그 것을 바라보는 시선이나 시각이 다르기 때문일 텐데요.

인포그래픽 디자인 또한 그 주제 속 구체적 대상을 어떻게, 어디에서 바라보느냐에 따라 디자인이 달라질 수 있을 것입니다.

그 기본은 시선의 눈 높이, 그리고 그것을 마치 카메라의 줌 인과 줌 아웃과 같이 어떤 크기와 범위로 보느냐에서부터 시작할 수 있을 거예요.

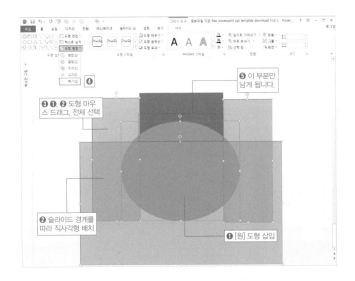

냄비 만들기 1

보통의 일반적인 시선으로 이를 바라본다면 아이콘 자료를 그대로 이용하면 편하겠지만, 그 미세한 각도와 시선 차이가 그래픽 디자인에 차이를 만들어내기에 '비스듬하게', 또는 '일부분'만을 슬라이드 안에 담아 표현하면 느낌이 확 달리지는데요. 그것은 주제 속에 존재하는 다양한 소스들 중 어떤 것을 메인으로 한 화면, 즉 슬라이드에서 보여주고자 하는가 라는 것과도 연관될 것입니다.

이번 [응용 디자인]에서는 냄비가 아니라 젓가락이 메인이 되기에 서브가 되는 냄비 모양은 일부분만을 표현해 보면 좋을 거예요.

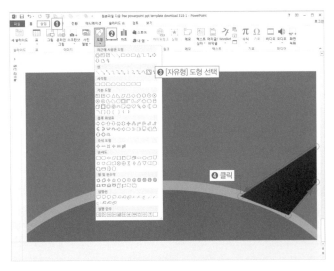

냄비 만들기 2 - 손잡이 만들기

참 모순되게도 서브의 역할을 하는 디자인 개체인 냄비 모양이지만 '일부'만을 담기에 더 손이 많이 가게 되는데요.

여기에 다른 시선, 그 시선의 위치.

즉 정면이 아닌 위에서 비스듬하게 내려다 본다는 디자인 기획은 기본 도형만 가지고는 표현이 어려워지는 단점들도 갖게 합니다.

시선에 따라 달라지는 모양의 변화.

[자유형] 도형으로 직접 만드는 것이 더 편합니다.

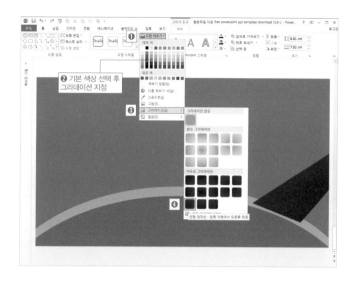

냄비 만들기 3 - 그라데이션

단색 채우기를 먼저 진행한 후 그라데이션 옵션값을 선택하면 자동으로 각 중지점별 색상이 지정되어 작업이 편합니다.

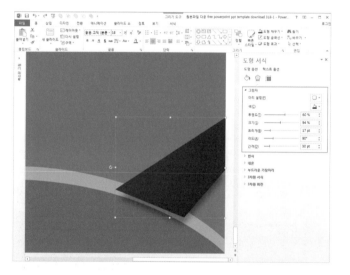

냄비 만들기 4 - 그림자 효과

기본 세팅된 그림자 효과를 기본으로 하되 상세 항목에 대한 값을 수정해가며 그래픽이 전해주는 느낌의 변화를 확인해보세요.

기본 옵션은 아마 앞으로 마음에 들지 않게 될 것입니다.
- 크기 : 94%
- 흐리게 : 17pt
- 각도 : 90°
- 간격 : 30pt

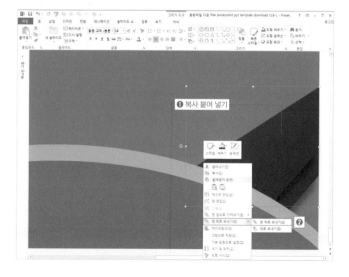

냄비 만들기 5 - 입체감 살리기

PPT에서 입체적인 표현을 가능하게 하는 기능이 [3차원 서식]이 전부이고 그것으로만 가능하다 생각하기 쉽지만, 그라데이션과 그림자 효과는 그것과 항상 함께 하는 것이기에 이것이 복수로 만났을 때에는 그 효과가 극대화되어 그 자체만으로도 입체감을 살려주는데요.

동일한 자유도형 개체를 복사해 위, 아래에 나열해 보세요.

그림자와 그라데이션은 3차원 서식 없이도 입체적 표현을 가능하게 해줄 것입니다.

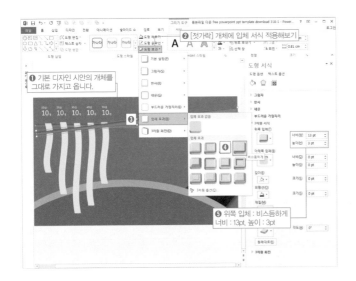

젓가락 그래픽 수정 - 3차원 서식

[응용 디자인]이기에 기본 디자인 소스를 그대로 활용하면서도 그것을 강화시킬 수 있는 수정, 편집 작업이 들어가 주면 좋을 텐데요.

메인 그래픽이 되는 젓가락 부분의 경우 3차원 서식 적용으로 사실감을 높여 보세요.

[응용 디자인] 완성

P LESSON 13

비만을 주제로 한
인포그래픽 만들기

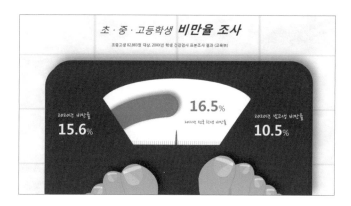

特징이 워낙 명확한 주제의 경우 인포그래픽 디자인의 콘셉트를 선택하는 것은 매우 쉬워지곤 하는데요.

이번 강의의 주제인 '비만'을 떠올렸을 때 우린 몇 가지 대표적인 모습들, 또는 물건들을 생각해낼 수 있을 것이고, 어떤 정보를 보여주고자 하는가, 그래픽을 통해 어떤 분위기와 인상을 심어주고자 하는가에 따라서 그 구체적 기획과 표현법은 달라지게 될 것 같습니다.

그리고 지난 강의를 통해서도 알 수 있었듯 차트 등을 포함한 정보를 담아낼 수 있는 방식을 그 주제 속 대상에서 찾을 수 있는가, 내가 표현할 수 있는가 라는 자신감 또한 영향을 미칠 것이고요.

정답은 없습니다.

본 강의, 책에 소개된 모든 시안들은 단 하나의 예시에 불과하니까요.

에!! 하면 아!! 하듯 그냥 머릿속에 떠오르는 그 자유연상의 단어들, 대상들이 모두 인포그래픽이 될 수 있습니다.

여러분은 '비만'을 생각하면 어떤 것이 떠오르나요?

음식, 접시, 허리 둘레를 재는 줄자? 배 나온 사람의 모습?

그 모든 것이 답입니다.

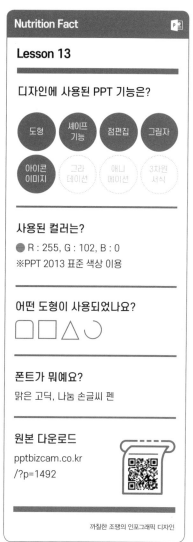

Nutrition Fact P

Lesson 13

디자인에 사용된 PPT 기능은?

도형　셰이프 기능　점편집　그림자

아이콘 이미지　그라 데이션　애니 메이션　3차원 서식

사용된 컬러는?
● R : 255, G : 102, B : 0
※PPT 2013 표준 색상 이용

어떤 도형이 사용되었나요?
□ □ △ ◡

폰트가 뭐예요?
맑은 고딕, 나눔 손글씨 펜

원본 다운로드
pptbizcam.co.kr
/?p=1492

까칠한 조땡의 인포그래픽 디자인

체중계 만들기 1

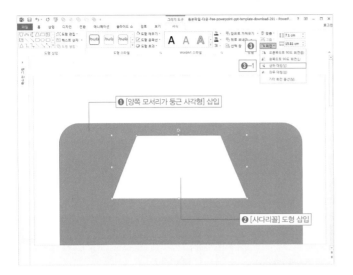

[양쪽 모서리가 둥근 사각형]으로는 체중계의 기본 형태를, [사다리꼴] 도형으로는 체중계의 표기창 부분을 만들 건데요.

후자의 경우 꼭 해당 도형을 이용하지 않아도 되며 기타 다른 도형을 원형 그대로 이용하셔도 됩니다.

제가 만든 시안은 점 편집 등의 과정이 이어져 번거롭기도 하거든요.

체중계 만들기 2 - 점 편집

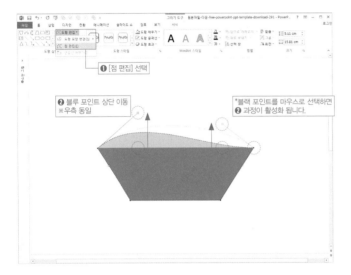

상단의 둥근 라인을 만들기 위해 [점 편집] 기능을 활용하세요.

체중계 만들기 3 - 도형 빼기

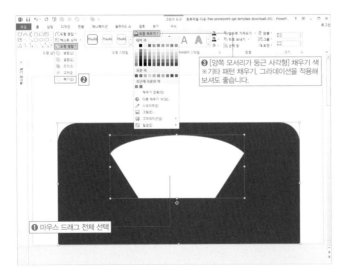

추후 원호를 이용해 원형 차트를 만들 예정인데요.

체중계 눈금선이 깔끔하게 배치될 수 있도록 하기 위해 구멍을 내주면 좋겠지요?

그 뒤로 차트 기능을 할 원호를 배치하면 불필요한 부분은 가려질 테니까요.

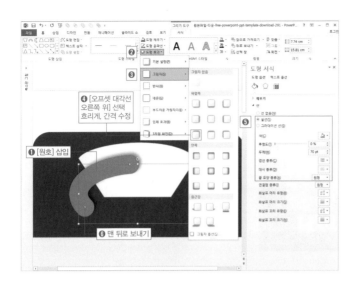

체중계 만들기 4 - 원호를 이용한 차트 만들기

테이터 값의 표현을 체중계의 눈금을 이용해 보세요. 구멍 난 [양쪽 모서리가 둥근 사각형] 뒤로 원호를 배치하면 자연스럽게 데이터 부분만 노출될 것입니다.

[원호] 선 RGB 색상 및 기타 설정 정보
– 색상 R : 255, G : 102, B : 0
– 두께 : 70pt
– 끝 모양 종류 : 원형

그림자 설정

기본 그림자 효과 [오프셋 대각선 오른쪽 위] 설정 후 [흐리게 17pt, 간격 10pt]로 수정

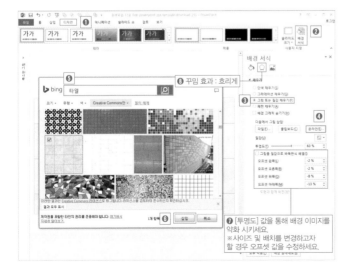

체중계 만들기 5 - 표를 이용해 눈금선 만들기

필수적인 작업 과정은 아니며, 허전해질 수 있는 디자인에 디테일을 살리기 위한 목적으로 선택적으로 진행하세요.

배경 채우기 - 그림 채우기

[디자인] 탭 - [배경서식] - [채우기 : 그림 채우기] - [온라인 이미지 검색] - [타일 이미지] 삽입

※[투명도], [꾸밈 효과 – 흐리게] 지정 통해 배경 이미지가 메인 그래픽 디자인보다 강조되는 것을 방지하세요.

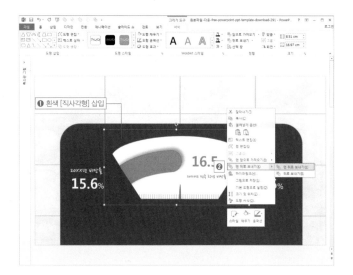

체중계 만들기 6 - 배경 가리기

슬라이드 배경을 이미지로 채우게 되면서 도형 빼기를 통해 구멍이 생긴 [양쪽 모서리가 둥근 사각형]의 공간으로 해당 이미지가 비춰지는 문제가 발생하는데요.

직사각형 등을 새로 삽입해 제일 뒤로 배치해주는 것으로 해당 부분을 가려주세요.

아이콘 다운로드

무료 아이콘 사이트인 플랫아이콘 (https://www.flaticon.com/)에서 foot 등의 단어로 검색해 발 모양의 아이콘 파일을 EPS 형식으로 다운 받습니다.

기타 다른 검색어로 찾으셔서 배경 이미지가 없는 아이콘이 있다면, PNG 이미지로 받으시면 되세요.

※PPT에서 활용할 수 있도록, 그리고 배경 개체를 삭제하기 위해 다운 받은 EPS 파일은 emf 또는 wmf 파일 형식으로 변환해주세요.

파일 변환 방법은 'Chapter 2. [인포그래픽 만들기] 전문적 기술 따윈 필요 없다' 내용 참고.

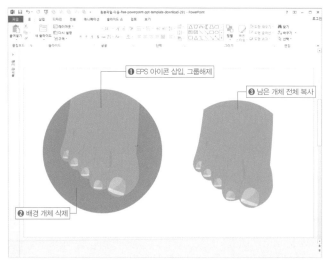

아이콘 배경 개체 삭제

emf 또는 wmf 로 변환한 EPS 파일을 삽입해 그룹해제를 진행합니다.

배경 개체인 원형 도형만 삭제해준 후 남아 있는 발 모양의 아이콘 전체를 복사해주세요.

※자르기 작업의 편의를 위해 이미지로 붙여 넣기를 할 예정입니다.

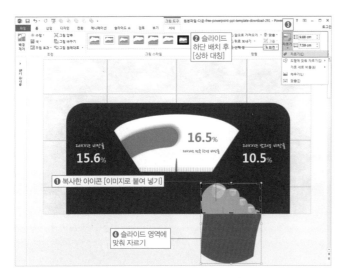

아이콘 자르기

도형 형식인 변환된 EPS 파일을 그대로 자르고자 할 경우 [도형 빼기] 기능을 이용하면 되지만, 아이콘 구성 개체가 많을 경우 이를 수 차례 반복해야 되는 단점을 갖는데요.

효율적인 작업을 위해 [이미지로 붙여 넣기]를 하면 [자르기] 기능으로 쉽게 원하는 크기와 라인에 맞춰 아이콘 편집이 가능합니다.

※ 좌측 발 모양 모두 동일 과정을 거치며, [회전 – 좌우 대칭]을 통해 하나의 아이콘 이미지로 좌우 양 발을 모두 담아보세요.

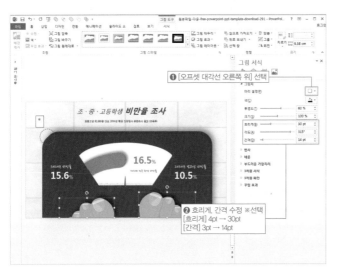

그림자 효과 지정, 디자인 완성

발 아이콘, 체중계 도형 개체에 [오프셋 대각선 오른쪽 위] 그림자 효과 옵션을 기본으로 [흐리게, 간격] 값을 조정해 부드러운 그림자를 만들어 보세요.

※체중계 모양의 경우, 뒤쪽에 [양쪽 모서리가 둥근 사각형]을 추가 삽입해 부피감을 살리면서 그림자 효과를 지정할 수 있습니다.

최종 디자인 완성

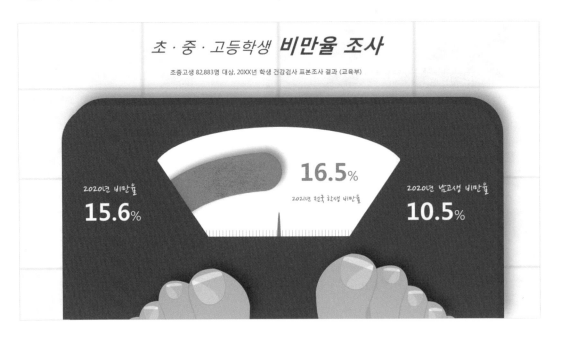

초 · 중 · 고등학생 **비만율 조사**

초중고생 82,883명 대상, 20XX년 학생 건강검사 표본조사 결과 (교육부)

2020년 비만율
15.6%

16.5%
2021년 전국 학생 비만율

2020년 남고생 비만율
10.5%

만드는 과정에 대한 보다 더 자세한 설명을
확인하고 싶다면 동영상 강의를 확인해 보세요.

ᴾ LESSON 14

아이콘과 그라데이션이 만나면
차트가 될 수 있다

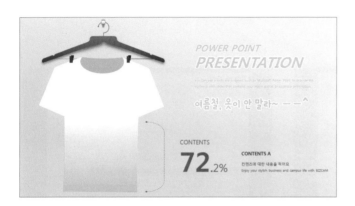

Nutrition Fact ᴾ

Lesson 14

디자인에 사용된 PPT 기능은?

도형　세이프 기능　점편집　그림자

아이콘 이미지　그라 데이션　애니 메이션　3차원 서식

사용된 컬러는?

R : 236, G : 241, B : 247
※PPT 2013 표준 색상 이용

어떤 도형이 사용되었나요?

폰트가 뭐예요?

맑은 고딕, 야놀자야체

원본 다운로드

pptbizcam.co.kr
/?p=2011

까칠한 조땡의 인포그래픽 디자인

그라데이션의 특징을 이용하면 단순히 그것이 도형 등을 채색하기 위한 목적과 기능만을 하는 것이 아니라 정보를 시각적으로 전달할 수 있는 도구로써 활용될 수 있는데요.
여기에 그 채색의 대상이 그래픽인 아이콘이 된다면 주제와 정보를 효과적으로 전달할 수 있을 것입니다.

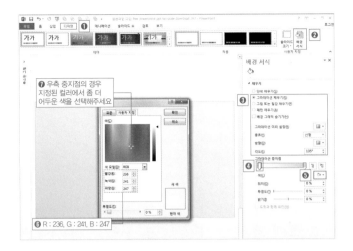

배경 채우기 -
그라데이션 채우기

[디자인] 탭 - [배경서식] - [채우기 : 그라데이션 채우기]

그라데이션 상세 설정
– 종류 : 선형
– 각도 : 135˚
– 좌측 중지점 RGB 색상

  R : 236, G : 241, G : 247

아이콘 다운로드

무료 아이콘 사이트인 플랫아이콘 (https://www.flaticon.com/)에서 pants, shirt, hanger 등의 단어로 그래프의 기본 역할을 해줄 아이콘을 EPS 형식으로 다운 받습니다.

※PPT에서 활용할 수 있도록 다운 받은 EPS 파일은 emf 또는 wmf 파일 형식으로 변환해주세요.

파일 변환 방법은 'Chapter 2. [인포그래픽 만들기] 전문적 기술 따윈 필요 없다' 내용 참고.

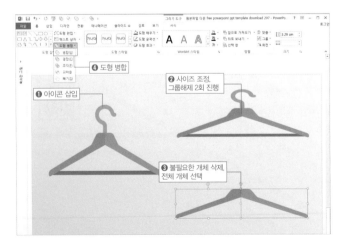

아이콘 편집 - 옷걸이

그룹해제 전에 미리 원하는 크기와 비율로 수정해주세요.

그룹해제 후, 사용하고자 하는 아이콘 이미지의 개체가 두 개 이상으로 나눠져 있을 경우 [도형 병합]을 통해 하나의 개체로 합쳐주는 것이 도형 채우기 색상 지정에 유리합니다.

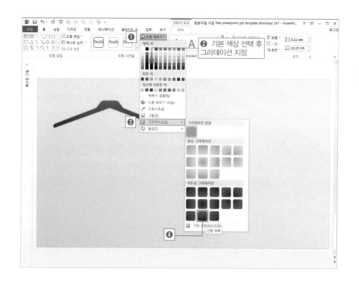

옷걸이 꾸미기 1 - 그라데이션

단색 채우기를 먼저 진행한 후 그라데이션 옵션값을 선택하면 자동으로 각 중지점별 색상이 지정되어 작업이 편합니다.

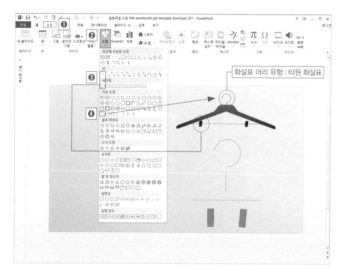

옷걸이 꾸미기 2

원호, 선, 그리고 사각형 도형을 이용해 옷걸이의 고리와 집게 부분 등을 직접 만들어 보세요.

옷걸이 아이콘이 갖는 기본 형태가 워낙 투박하기 때문에 이렇게 선을 이용하면 좀 더 깔끔하게 디자인할 수 있습니다.

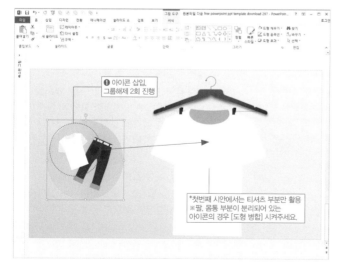

그래프 영역 만들기 - 티셔츠 아이콘의 활용

본 시안에 쓰인 아이콘이 아니더라도 다른 옷 종류, 티셔츠 아이콘을 이용하면 됩니다.

사용하고자 하는 디자인 부분 외에 복수의 개체가 존재할 경우 그룹해제 하여 원하는 부분만을 선택하고 필요에 따라서는 본 예시와 같이 팔과 몸통 부분이 나뉘어져 있을 경우 [도형 병합]으로 하나의 개체로 만들어 주세요.

본 과정 역시 도형 채우기의 작업 편의를 위한 과정입니다.

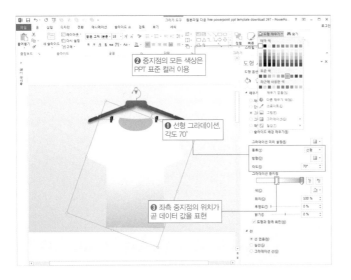

그라데이션 채우기, 중지점의 위치를 통한 차트 표현

중지점이 자리하고 있는 위치, 그에 따른 색상의 경계가 곧 티셔츠 아이콘을 데이터 영역의 역할을 해주게끔 할 것입니다.

즉 예를 들어 흰색의 좌측 중지점의 위치가 40%에 해당한다면 반대로 블루 색상은 전체 중 60%가 채워짐으로써 60%의 데이터 값을 보여주는 방식이 되겠지요?

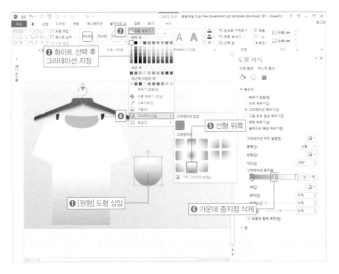

디테일 살리기 1 - 못 만들기(선택적 진행)

그라데이션 채우기를 진행한 원형 도형을 이용해 옷걸이가 걸려 있는 못을 만들어 봤는데요.

다음 과정에서 추가로 그 디자인 작업이 이어지지만 필수적인 과정은 아니며, 단색 채우기, 그리고 그림자 효과가 지정된 원형 도형 하나로 본 작업을 마무리하셔도 좋습니다.

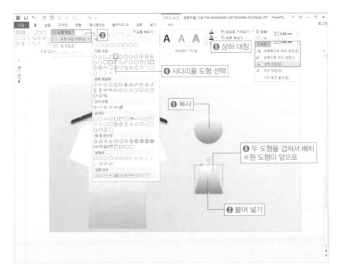

디테일 살리기 2 - 디자인 완성

앞서 전했듯 원 도형 하나로 끝내도 되지만, 그 작은 것들이 느낌의 변화를 가져온다는 것을 우린 잘 알고 있잖아요?

동일한 도형을 복사해 이를 뾰족하면서도 길쭉한, 못과 비슷한 모양을 가진 사다리꼴이나 삼각형 도형으로 변형시켜 함께 배치해주면 더 입체적인, 더 사실적인 못의 표현이 가능할 거예요.

디자인의 감성은 작은 것, 디테일에서 나온다고 생각하기에 그러한 수고를 아깝다 생각하지 않으셨으면 좋겠습니다.

최종 디자인 완성

만드는 과정에 대한 보다 더 자세한 설명을
확인하고 싶다면 동영상 강의를 확인해 보세요.

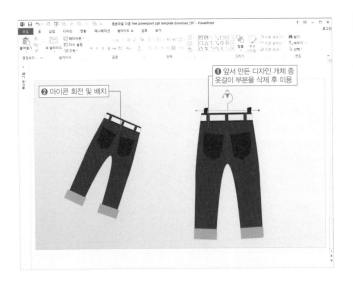

[응용 디자인]
바지 아이콘의 활용

같은 표현법이지만 다른 이미지(아이콘)를 만나면 그에 따라 재해석할 수 있을 것이라는 생각을 하는데요.

티셔츠가 단순히 해당 옷의 컬러의 개념으로써 그라데이션을 활용했다면, 이 바지 아이콘의 모습에서도 보여지는 '롤업'의 형태는 그 바지 길이의 변화가 차트의 역할을 해줄 수 있을 것 같다는 생각을 하게끔 하는데요.

표현의 방법? 그건 앞선 디자인 예시의 기본을 따르는 것으로도 충분할 것입니다.

아이콘 채우기 변경

기존에 [단색 채우기]로 지정되어 있던 바지 부분의 개체를 [그라데이션 채우기]로 수정합니다.

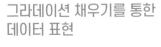

그라데이션 채우기를 통한
데이터 표현

이번 [응용 디자인]에서의 그라데이션 차이는 곧 기획과 콘셉트에 의할텐데요.

즉 바지 밑단을 접어 올리는 '롤 업'의 정도를 데이터 표현의 메인 콘셉트로 기획했기 때문에 부드러운 색감의 변화보다는 그 경계가 명확해지는 것이 좋을 것입니다.

두 개의 중지점 위치를 서로 맞물려 보세요.

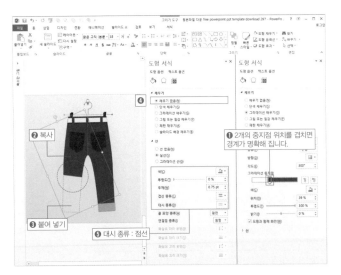

[응용 디자인] 완성

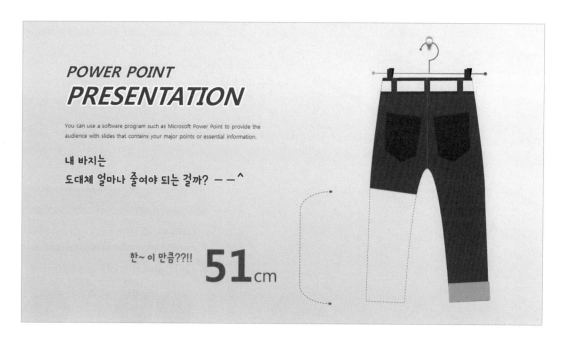

아이콘을 조합해
완전히 다른 인포그래픽 만들기

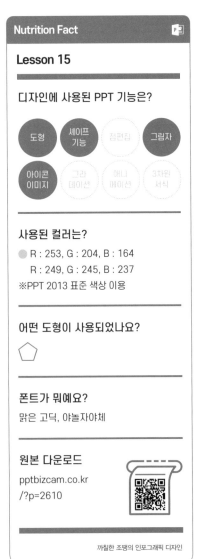

아이콘 자료들이 인포그래픽 디자인에 큰 도움을 주지만 그것을 있는 그대로만 바라본다면 아무리 도움되는 디자인 소스라 할지라도 활용이 제한적일 수밖에 없을 거예요.

그 아이콘이 '무엇이다'가 아니라 '어떤 형태를 갖고 있네' 라는 것에 집중하며 시각을 넓혀본다면 각각의 조합들을 통해 완전히 새로운 디자인을 해볼 기회를 얻을 수 있을 것이라 생각합니다.

숟가락으로 밥만 먹나요.

술자리에서는 오프너가 되곤 하잖아요?

기획뿐만 아니라 디자인의 표현, 그리고 소스의 활용에서도 다른 시각으로 바라보는 것 또한 분명 도움을 줄 것이고 중요합니다.

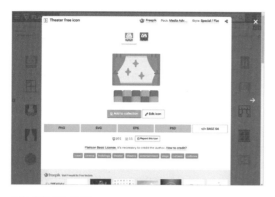
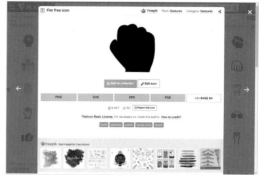

아이콘 다운로드

무료 아이콘 사이트인 플랫아이콘 (https://www.flaticon.com/)에서 curtain, theater, fist 등의 단어로 검색해 아이콘을 EPS 형식으로 다운 받습니다.

※PPT에서 활용할 수 있도록 다운 받은 EPS 파일은 emf 또는 wmf 파일 형식으로 변환해주세요.

파일 변환 방법은 'Chapter 2. [인포그래픽 만들기] 전문적 기술 따윈 필요 없다' 내용 참고.

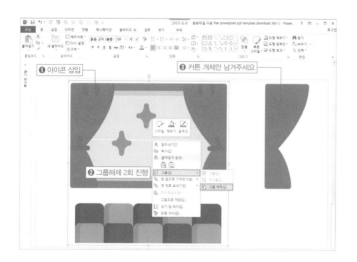

아이콘 편집

그룹해제 후, 커튼 부분에 해당하는 개체만 남겨준 후 그 외 개체들은 삭제해주세요.

본 디자인 예시에 사용된 아이콘의 경우, 음영 표현을 위해 커튼 부분이 2개의 개체로 나뉘어져 있는데 음영 표현을 하지 않고자 한다면 메인 형태만 남기셔도 무관합니다.

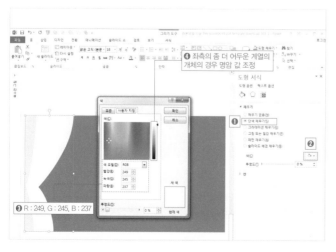

배경 및 개체 색상 변경

셔츠 (커튼 아이콘 개체) RGB 색상 정보
R : 249, G : 245, G : 237

※좌측의 작은 커튼 개체의 경우 [사용자 지정]의 명암 조정 옵션을 이동해 수정하셔도 되며, 블랙 컬러 지정 후 투명도 설정(약 90% 수준)으로 표현하셔도 됩니다.

슬라이드 배경은 PPT 2013 표준 블루 색상 선택

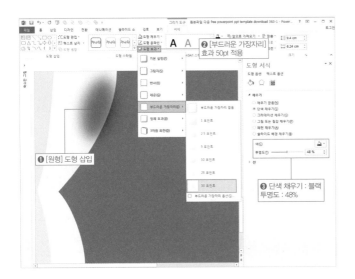

그림자 효과 설정

커튼 아이콘의 해당 개체를 이용해 셔츠를 만들고 있지요?

이에 입체감을 살리기 위한 방법으로 그림자 효과를 이용하면 좋지만 기본 그림자 효과로는 콘셉트에 맞는 표현에 어려움이 있어요.

[원형] 도형에 [부드러운 가장자리 효과]를 적용해 원하는 형태, 위치에 그림자를 만들어 넣어 보세요.

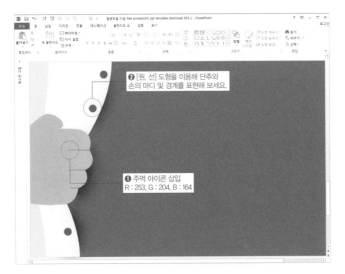

주먹 아이콘 삽입, 디테일 살리기

주먹 아이콘을 커튼 도형의 중간 부분에 배치하면 마치 손으로 옷을 잡고 여는 듯한 모습으로 표현이 가능해집니다.

기존 커튼의 개념에서 완전 다른 디자인으로 활용 가능해지죠?

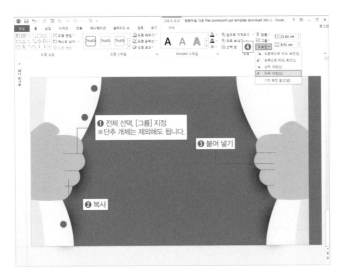

그룹 복사

좌측을 기준으로 만들어진 메인 디자인 서식을 그대로 복사해 붙여 넣어주세요.

[좌우 대칭]이면 양쪽이 만들어지니 따로 따로 만들 필요는 없겠죠.

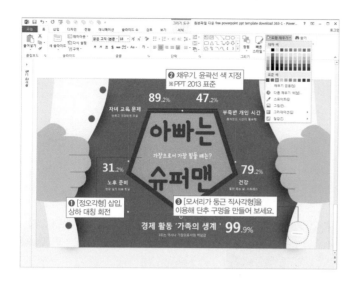

내용 정리, 디자인 마무리

기초 기획상 본 강의의 인포그래픽 디자인의 콘셉트는 바로 '슈퍼맨' 이었는데요.

그 캐릭터 특유의 로고 타입을 다이어그램으로 이용해 정보를 정리할 수도 있을 것 같아요.

최종 디자인 완성

만드는 과정에 대한 보다 더 자세한 설명을 확인하고 싶다면 동영상 강의를 확인해 보세요.

LESSON 16

대상이 갖는 특징으로
차트와 다이어그램을 한 번에

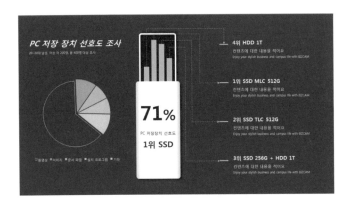

본 책에서 강조되었던 것 중 하나가 주제의 구체적 대상이 되는 소스들이 갖는 특징을 차트나 다이어그램 등으로 이용하며 그것에 역할과 의미를 부여해 보는 방식에 대한 것이었는데요. 이는 지난 2, 3, 6, 10, 11, 13, 14 모두가 그러한 관점에서 진행된 인포그래픽 디자인 예시라는 것을 알 수 있을 것입니다. 그럼 USB 메모리에서 가장 대표되는, 눈에 띄는, 그 역할을 해줄 수 있는 것은 무엇일까요? 저는 '전면의 마그네틱 형태의 리더' 부분이 그에 해당할 수 있다고 봤는데요. 그래프, 또는 다이어그램 모두의 역할을 할 수 있을 겟!! 모두 주제와 구체적 대상 속에 있습니다.

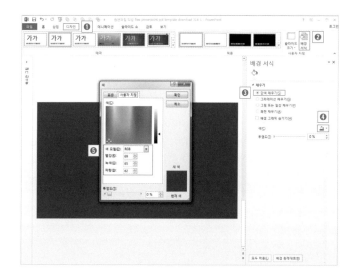

배경 채우기 - 단색 채우기

[디자인] 탭 - [배경서식] - [채우기 : 단색 채우기] - [다른 채우기 색] - [사용자 지정]

RGB 색상 정보
⬤ R : 69, G : 65, B : 62

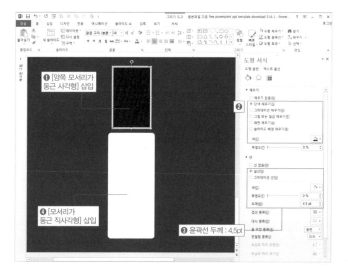

USB 메모리 만들기 - 도형 삽입

본문에서 각각 [양쪽 모서리가 둥근 사각형], [모서리가 둥근 직사각형] 삽입을 안내해드렸지만 [직사각형] 등 원하는 도형을 이용하면 됩니다.

하지만 둥근 모서리가 주는 디자인의 차이는 분명 존재할 거예요.

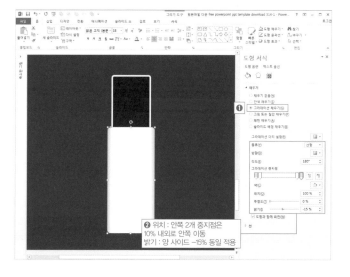

그라데이션 채우기 - 선택적 진행

앞선 도형 선택의 과정과 마찬가지로 필수적이지는 않지만 진행했을 경우 그 미세한 차이가 완성도에 큰 영향을 미치기에 진행해볼 가치가 충분한 것들이 도형 채우기에도 존재할 텐데요.

단색, 그리고 그라데이션이 그 대표적인 예시겠지요?

그라데이션 상세 설정
종류 : 선형, 각도 : 180°,
중지점 색상 : 전체 화이트

※동일 색상으로 지정하더라도 [밝기] 옵션을 조정해 그라데이션 효과를 낼 수 있습니다.

– [밝기] 수정 : 가장 양 사이드에 위치한 2개의 중지점 [밝기 : -15%]

– [위치] 수정 : 안쪽 중지점 위치 [좌 : 9%] , [우 : 91%]]

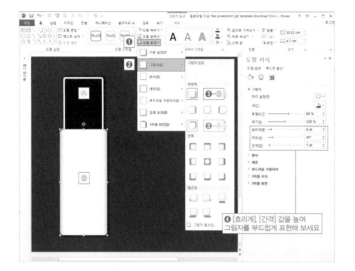

그림자 효과 지정

가장 메인이 되는 본 개체에 시선을 집중시킬 수 있는 방법 중 하나는 그림자 효과가 될 것입니다.

USB 메모리라는 콘셉트의 입체감을 위해서도 필수적이겠지요?

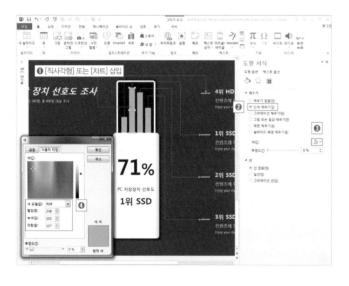

콘셉트의 특징 이용해
내용 정리하기

USB 메모리의 리더 부분이 갖고 있는 고유의 특징은 마치 세로형 막대 그래프와 같은 모습을 보이는데요.

이를 이용해 차트, 또는 다이어그램의 역할로써 내용을 정리해볼 수 있지 않을까요?

RGB 색상 정보

● R : 238, G : 203, B : 107

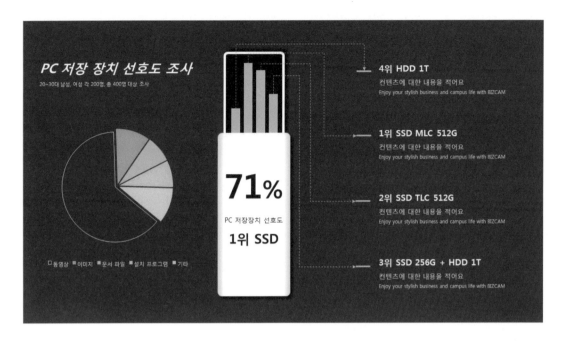

원본 파일을 다운받아 연습해 보세요.
pptbizcam.co.kr/?p=2187

[응용 디자인]

바로 앞선 강의들을 통해서도 같은 내용, 구성일지라도 세부적인 설정이나 배경 등의 변화에 따라 쉽게 또 다른 이미지의 인포그래픽 디자인이 가능해진다는 것을 알 수 있었는데요. 본 책에서 제일 강조되는 것이 있지요.

[자유 연상]

USB 메모리에서 시작된 생각의 과정을 그냥 아주 자연스럽게 이어나가게 되면 떠오르는 것들이 인포그래픽 디자인 변화의 소스가 될 것입니다. 당연히 컴퓨터가 생각나게 되는 그 지극히 평범한 생각들이 말입니다. 시선을 집중시킬 수 있는 또 다른 레이아웃을 설정하고 싶다면 그 자유연상의 생각들이 답이 될 거예요.

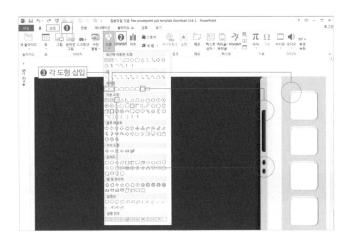

노트북 만들기 1 - 선택적 진행

이미지를 활용하셔도 되고, 아이콘 자료를 다운로드해 꾸미셔도 되지만 기존 인포그래픽 디자인의 성격을 유지하기에는 직접 도형으로 만들어 보는 것도 좋으며 이질감 없이 디자인 작업이 가능할 것입니다.

기본 도형의 활용
- 직사각형 : 노트북 기본 형태
- 모서리가 둥근 직사각형 : 키보드
- 양쪽 모서리가 둥근 사각형 : 노트북 측면 및 USB 포트 (회전)
- 원형 : 이어폰 및 마이크 포트

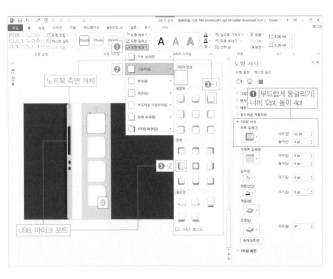

노트북 만들기 2 - 선택적 진행

그림자, 3차원 서식을 이용해 그래픽의 느낌을 강화시켜 보세요.

그림자 효과의 경우 표현한 노트북 각 부분의 특성에 맞게 바깥쪽, 안쪽 그림자를 선택해주면 좋겠지요?

[응용 디자인] 완성

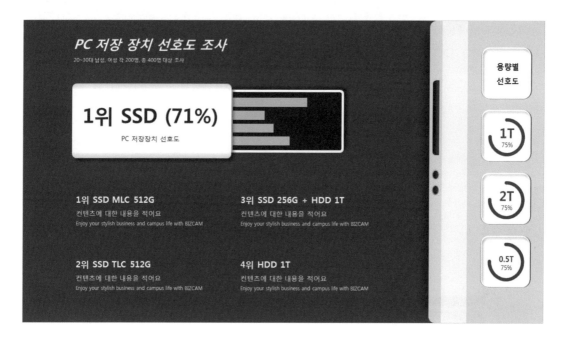

P∃ LESSON 17

도형 그래픽!! 필요하면 직접 만들지 뭐
그리고! 담아보세요, 무엇이든. 인포그래픽이 될 것입니다.

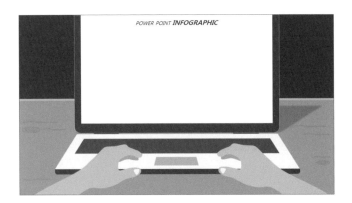

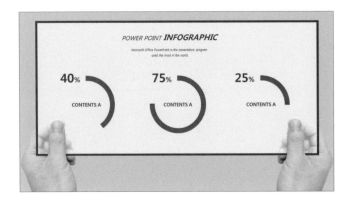

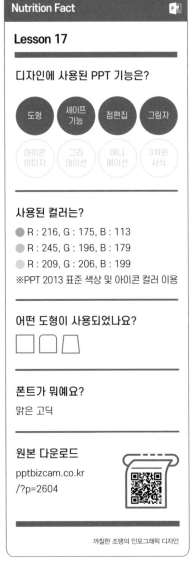

Nutrition Fact P∃

Lesson 17

디자인에 사용된 PPT 기능은?

(도형) (셰이프 기능) (점편집) (그림자)

(아이콘 이미지) (그라 데이션) (애니 메이션) (3차원 서식)

사용된 컬러는?

- R : 216, G : 175, B : 113
- R : 245, G : 196, B : 179
- R : 209, G : 206, B : 199

※PPT 2013 표준 색상 및 아이콘 컬러 이용

어떤 도형이 사용되었나요?

▢ ▢ ⬭

폰트가 뭐예요?

맑은 고딕

원본 다운로드

pptbizcam.co.kr
/?p=2604

까칠한 조땡의 인포그래픽 디자인

PPT 인포그래픽을 나도 만들 수 있는 이유,
기획적인 부분과 함께 PPT에서 제공하는 기능에 있어서도 포
토샵, 일러스트의 유사한 기능이 포함되어 있기 때문인데요.
포토샵의 지우개 기능이 있다면 PPT에는 배경제거 기능이 있
으며, 일러스트에 이미지의 라인을 딸 수 있는 라이브 추적이
있다면 PPT에는 곡선/자유형 도형 등이 있습니다.
그렇다면 우린 PPT만 다룰 줄 알아도 그래픽 디자인을 할 수
있는 것 아닐까요?

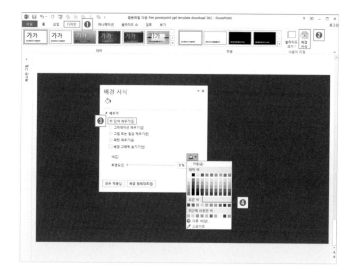

배경 채우기 - 단색 채우기

[디자인] 탭 - [배경서식] - [채우기 : 단색 채우기]

※PPT 2013 표준 색상, 네이비

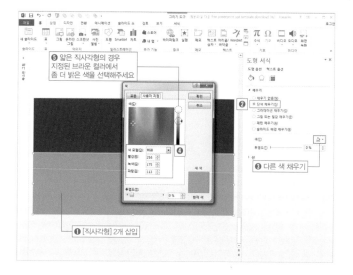

책상 테이블 만들기

RGB 색상 정보

● R : 216, G : 175, B : 113

얇은 직사각형의 경우, 배경과의 경계를 조금 더 명확하게 나누기 위해 삽입한 것이니 선택적으로 진행하시면 됩니다

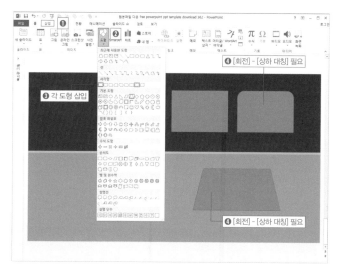

노트북 모양 만들기 1

아이콘 자료를 활용할 수 있고 그것이 작업 편의를 높여 주는 것이 사실이지만, 기획자 또는 작업자가 생각하는 특정 각도, 시선에 맞춰 이를 담기란 어렵지요.

노트북과 같은 형태의 경우 기본 도형으로 충분히, 쉽게 만들 수 있기 때문에 자신의 기획을 담은, 나만의 시선이 담긴 그래픽 디자인을 기본 도형으로 만들어 보세요.

[직사각형], [양쪽 모서리가 둥근 사각형]은 모니터가 될 것이며, [사다리꼴]은 시선에 따라 원근이 표현될 키보드 부분이 되어줄 것입니다.

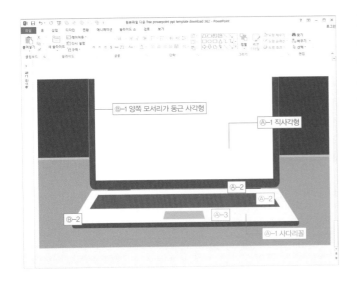

노트북 모양 만들기 2

각 도형을 이용해 노트북의 모양을 만들어 주세요.

필요한 것은 [회전] 및 [크기 및 비율 조정] 뿐입니다.

단, 키보드 패널의 전체적인 형태를 잡아 주는 블루 Ⓐ-1의 높이, 그리고 윗쪽 면의 길이가 원근감의 정도를 결정한다는 점은 기억해 주세요.

※채우기색 전체 PPT 표준 색상 이용

[응용 디자인 1]
필요하면 직접 만들지 뭐 - 필요한 그래픽 형태를 카메라로 촬영하기

무료 아이콘 사이트에서 찾기 힘든 자료들이 존재하지요?

필요한 것들을 찾기 위해 검색에 투자하는 시간은 사실 굉장히 비효율적일 수 있는데요.

이번 강의의 제목처럼 필요하다면, 못 찾겠다면 사진을 찍어 도형으로 직접 도형 그래픽을 만들어 보세요.

완벽히 똑같은 시선, 각도, 원근감을 갖고 촬영할 필요까지는 없습니다.

비슷하기만 하면 됩니다.

Chapter 3. [이제 나도 만든다] 알짜배기 인포 그래픽 디자인 예시

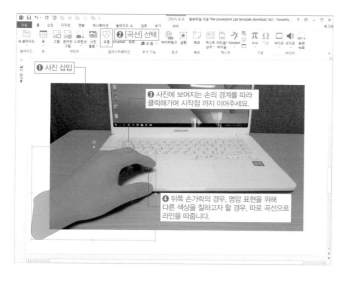

곡선 도형으로 사진 라인 따기, 도형화

앞선 10강을 통해 연습해 보고 이용한 방법이죠?

보이는 사진의 경계선을 따라 손 모양의 라인을 이어줍니다.

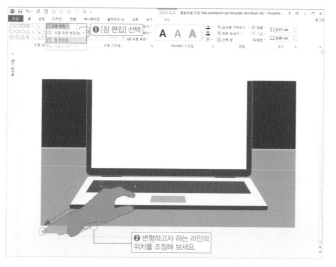

점 편집

사진에 촬영된 손의 모습이 슬라이드에 담고자 하는 부분보다 일부이거나 형태상 미세한 조정이 필요하다면 점 편집을 통해 조정해 보세요.

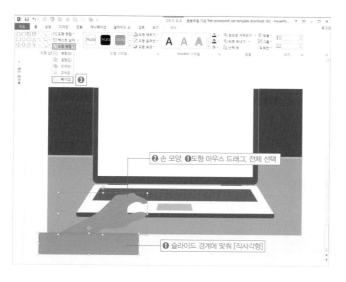

라인 조정 - 도형 빼기

본 디자인 예시에서는 점 편집을 통해 손목의 길이를 늘려줬는데요.

직사각형처럼 명확한 선과 각도가 존재하는 도형과 달리 이와 같은 비정형의 자유도형은 점 편집으로 라인을 조정했을 경우 그 자체로써 슬라이드 경계와 일치하는 직선의 라인을 만드는 것이 힘들기 때문에 [도형 빼기]를 통해 라인 조정 및 정리를 해주는 것이 편합니다.

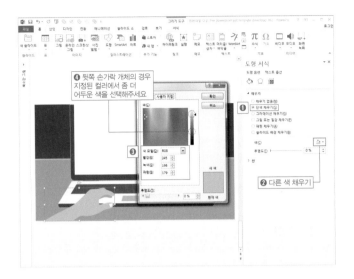

채우기 색상 변경

RGB 색상 정보
⬤ R : 245, G : 196, B : 179

❹ 뒷쪽 손가락 개체의 경우 지정된 컬러에서 좀 더 어두운 색을 선택해주세요.

❷ 다른 색 채우기

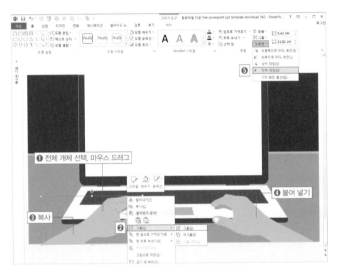

그룹개체 복사 및 회전

좌우 양손이 모두 똑같으니 같은 작업을 반복할 필요는 없겠지요?

다만 여러 개체로 구성된 디자인 서식을 바로 회전시키면 전체로서의 배열이 흐트러지기 때문에 [그룹 지정] 후 [회전]시켜주세요.

❶ 전체 개체 선택, 마우스 드래그

❹ 붙여 넣기

❸ 복사

❷

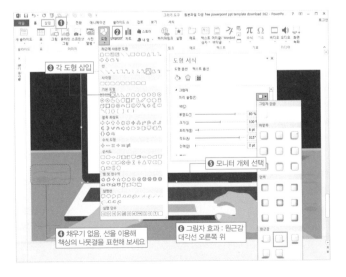

디테일 살리기 - 선택적 진행

작은 것들이 항상 차이를 만들고 그래픽의 완성도를 높이며 재미까지 더해준다는 사실을 지난 강의들을 봐 오신 모든 독자분들께서 느끼셨을 것 같아요.

비록 필수적이지는 않지만, 때론 귀찮고 쓸데 없는 소모적인 과정이라 생각되기도 하지만 디테일을 생각하는 조금의 수고스러움은 언제나 결과의 차이로서 만족감을 전해줄 것입니다.

❸ 각 도형 삽입

❺ 모니터 개체 선택

❹ 채우기 없음, 선을 이용해 책상의 나뭇결을 표현해 보세요.

❻ 그림자 효과 : 원근감 대각선 오른쪽 위

[응용 디자인 1] 완성

만드는 과정에 대한 보다 더 자세한 설명을
확인하고 싶다면 동영상 강의를 확인해 보세요.

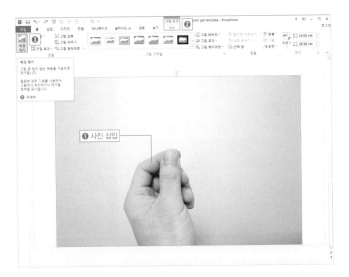

[응용 디자인 2]
실사 이미지의 활용 두 번째 – 배경 제거 기능

앞선 첫 번째 디자인 예시가 사진을 도형 화시켜 전체적으로는 도형 그래픽 형식의 인포그래픽 디자인을 하는 관점이었다면 사진 그대로를 이용하면서 도형 편집의 장점을 함께 접목시켜 인포그래픽의 배경 디자인을 해볼 수 있을 텐데요.

그의 핵심이 되는 PPT 기능은 [배경 제거] 입니다.

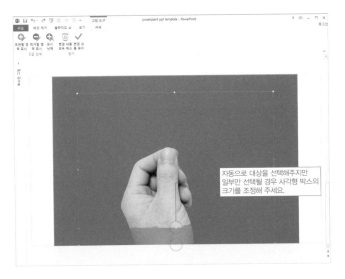

배경 제거 기능 실행

작업자가 직접 카메라로 찍을 때 [배경 제거]의 편의를 높이고자 한다면, 배경과 피사체의 경계가 명확한 사진이 좋은데요.

흰색, 또는 피사체와 대비되는 단일 컬러 계열의 벽 등에서 사진을 찍으실 것을 권해드립니다.

직접 찍은 사진이 아니라 기존 이미지 자료를 활용할 경우에도 상기 기준에 부합하는 자료를 선택해 주세요.

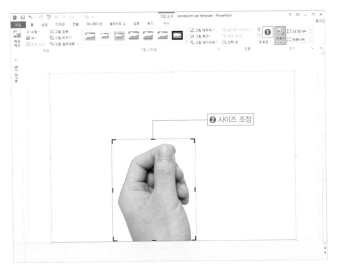

배경 제거 후 이미지 자르기

[배경 제거]를 완료한 이후에도 원본 사진의 전체적인 크기는 그대로 유지가 되는데요.

이어지는 작업상 필요 이상의 크기는 불편함만 갖고 오니 [자르기] 기능으로 필요한 부분만 남겨주세요.

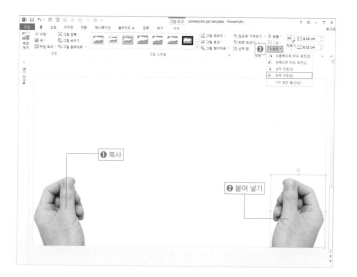

개체 복사 및 회전

앞선 첫 번째 디자인 예시와 동일하죠?

좌우 대칭을 통해 양손의 모습을 담습니다.

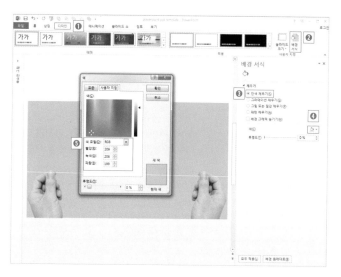

배경 채우기 - 단색 채우기

[디자인] 탭 - [배경서식] - [채우기 : 단색 채우기] - [다른 채우기 색] - [사용자 지정]

RGB 색상 정보
⬤ R : 209, G : 206, B : 199

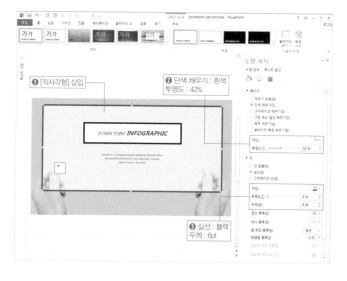

도형으로 레이아웃 만들기

나는 포토샵을 다룰 줄 모르고 오직 할 수 있는 것은 PPT뿐일 때,

"투명한 종이를 들고 있는 모습"을 기획했다면 어떻게 만들 수 있을까요?

포토샵을 쓸 수 있다면 간단하겠지만 전문가 수준의 기술이나 툴을 사용하지 않고 오직 파워포인트만으로도 그것이 가능함을 보여드리기 위한 17강의 두 번째 디자인 예시인데요.

바로 도형의 채우기와 투명도 지정이 포토샵의 그것과 다르지 않기 때문입니다.

※하지만 문제는, 그리고 해야 될 것은 포토샵, PPT 모두에게서 나타납니다.

투명한 종이를 손으로 잡고 있어야 되는데 개체 특성상, 배치 순서상 손가락 사이에 레이아웃을 담당한 투명한 도형 개체가 들어갈 수 없다는 점이 그것입니다.

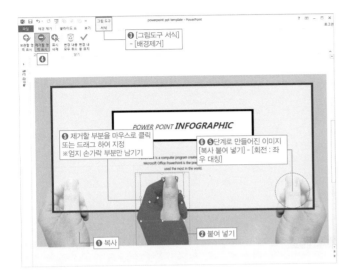

배경 제거 - 필요한 부분만 남기기

결론은 둘 중 하나지요?

구멍을 내거나 그 위쪽에 배치되어야 할 부분만을 잘라내 겹쳐서 올리는, 그래서 일부를 가려주는.

다양한 방법들이 있을 겁니다.

본 과정에서 소개한 방법이 정답도 아니고 유일한 방법인 것도 아닙니다.

[응용 디자인 1]처럼 곡선 도형으로 엄지 손가락 부분의 라인을 따고 그것을 [도형 빼기] 기능을 이용해 직사각형에서 빼줄 수도 있을 것이고요.

물론 이 경우 잘려진 라인을 따라 테두리 라인이 수정되기에 선 지정을 제외하는 것이 낫겠지요.

비록 조금 더 복잡해 보일 수 있고 그것이 사실이기도 한 배경제거 기능이지만 이를 이용해 필요한 엄지 손가락 부분만을 다시 남겨보세요.

포토샵을 대체할 수 있는, 그것과 같은 기능을 PPT에서 활용할 수 있다는 점이 본 두 번째 디자인 예시를 통해 전하고 또 연습해 보셨으면 하는 것이니까요.

[응용 디자인 2] 완성

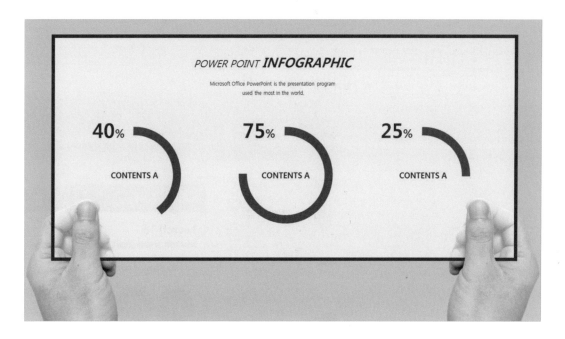

담아보세요, 무엇이든. 인포그래픽이 될 것입니다

인포그래픽이 뭘까? 어떻게 만들어야 되는 것일까?

우리는 지금까지 그것에 대해 알아보고 연습하는 과정을 거쳐 왔는데요.

그리고 지금 이 순간, 마지막으로 그것에 답해 본다면

사실 그것은 어쩌면 배경에 지나지 않는다라는 생각을 해보게 됩니다.

주어가 아니라 형용사라고도 할 수 있을 것 같고요.

있으면 그냥 더해지고 마는 것이 아니라

기존의 그것이 갖던 성격과 느낌, 정보 전달의 효과까지도 완전히 달라지게 만드니까요.

지금 바로 인터넷 신문 기사 하나의 텍스트를 복사해서 흰색의 빈 PPT 슬라이드에 넣어보세요.

그것은 그냥 텍스트에 지나지 않으나 우리가 이어질 24개 강의를 통해 만들어본 이 인포그래픽 디자인 배경 안에 그 텍스트 그대로를 똑같이 담아본다면 분명 다르게 느껴질 것입니다.

1차원 아이콘을
3차원 느낌으로 리터치 해보기

아이콘은 분명 PPT, 그리고 인포그래픽 디자인 작업에 상당한 편의를 제공하고 디자인적 완성도를 높이는데 큰 힘이 됩니다.

하지만 주제, 내가 생각하는 기획에 맞춰진 소스를 찾는 것은 결코 쉬운 일이 아니에요.

원하는 것을, 상상하는 모양을 갖고 있는 것을 찾을 때까지 무료 아이콘 사이트를 검색하고 있을 건가요? 만약 이 키워드, 저 키워드로 다 검색해 보며 수백, 수천 개의 자료를 찾아봤음에도 없다면 어떻게 해야 될까요?

기본 소스를 가지고 변형시키고 그래서 원하는 그래픽을 만드는 연습.

그것이 필요한 이유는 단지 찾는 아이콘이 없어서 시작했을지 몰라도, 그 과정을 통해 자연스럽게 기능과 표현법, 응용력을 익히고 키울 수 있기 때문일 것입니다.

손 아이콘 준비

무료 아이콘 사이트인 플랫아이콘 (https://www.flaticon.com/)에서 hold, hand, finger 등의 단어로 검색해 원하는 아이콘을 EPS 형식으로 다운 받습니다.

※PPT에서 활용할 수 있도록 다운 받은 EPS 파일은 emf 또는 wmf 파일 형식으로 변환해주세요.

※예제에 사용된 아이콘 상세 URL
https://www.flaticon.com/free-icon/hold_196774

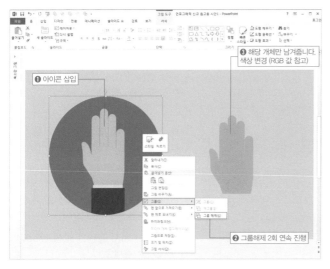

아이콘의 불필요한 개체 삭제

wmf/emf 형식으로 변환해 슬라이드에 삽입한 아이콘은 [그룹해제]를 2회 연속 진행해 모든 개체를 분리시킵니다.

손 부분에 해당하는 개체들만 남기고 나머지는 삭제해주세요

손 채우기 색상 RGB 정보
● R : 255, G : 178 B, : 136

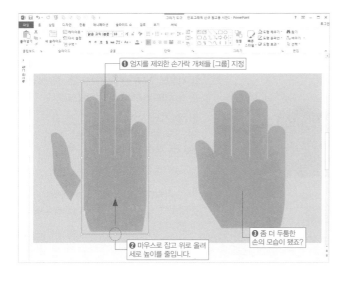

아이콘 변형 1

엄지 손가락을 제외한 나머지 개체들을 다시 그룹지정 후 세로 높이를 줄여줍니다.

1차원적인 형태의 기존 아이콘을 3차원 스타일로 리디자인하기 위한 첫 단계로 높이를 줄여준 2가지 이유는 원근감 적용. 그리고 손바닥 하단면 정리를 위함입니다.

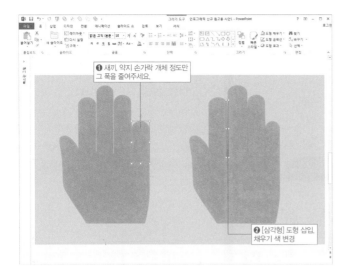

아이콘 변형 2-
손가락 넓이 조정

① 새끼, 약지 손가락 개체의 폭을 줄여줍니다. 손바닥이 약간 비스듬하게 틀어져 있는 모습이라고 상상을 해볼까요? 새끼 손가락 부분이 눈에서 더 먼 곳에 있다는 가정과 함께요. 그렇다면 원근법에 따라 새끼 손가락으로 갈수록 크기나 두께가 더 작게 보일 것입니다. 기본적 크기 차이 외에도 원근에 따른 상대적 차이까지 말이죠.

② [삼각형] 도형을 이용해 각 손가락간 경계, 명암을 표현합니다.

RGB 색상 정보

⬤ R : 242 G : 147 B : 115

아이콘 변형 3 -
손바닥 하단 라인 정리

손바닥 최하단 [개체 선택] - [도형 편집 : 점 편집] - 라인 정리

[점 편집] 선택 후 하단 좌우 양쪽의 꼭짓점을 선택하면 라인을 따라 또 다른 포인트가 활성화되는 것을 확인할 수 있습니다.

해당 포인트를 마우스로 선택한 상태로 하단으로 끌어내려 주면 직선의 라인이 곡선 타입으로 변형됩니다.

좌측 모서리 역시 동일한 방법으로 라인을 변형시켜 주세요.

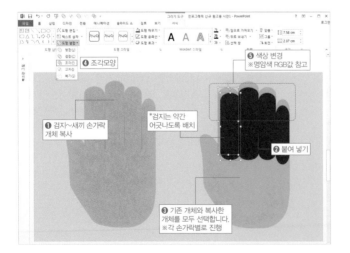

손가락 명암 개체 만들기

①~②. 개체 복사

검지부터 새끼 손가락 개체를 복사해 기존 위치보다 하단에 배치해줍니다.

단, 여기서 검지 손가락에 해당하는 개체의 경우에는 약간 오른쪽으로 벗어나도록 배치해 주세요.

③~④. 조각 모양

각 손가락별로 기존, 복사한 개체를 모두 선택하고 셰이프 기능 - [조각] 모양을 선택합니다.

⑤ 명암색으로 색상 변경

● R : 242, G : 147 B, : 115

조각 모양을 내게 되면 손가락의 상단 부분들이 구분된 개체로 나뉘어집니다.

각 부분에 위의 명암색으로 채우기색 변경을 진행합니다.

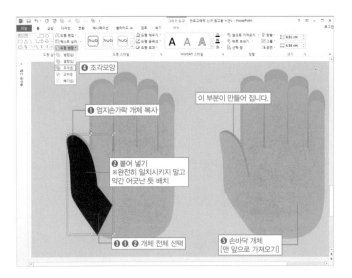

엄지 손가락 명암 개체 만들기 1

앞선 과정과 동일한 방법으로, 엄지 손가락 개체를 복사해 기존 개체와 함께 [조각 모양]을 내줍니다.

길게 이어지는 명암 개체는 앞선 과정에서 다뤘던 손바닥 부분의 개체를 [맨 앞으로 가져오기]로 정렬해 가려줍니다.

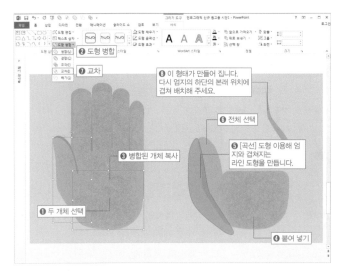

엄지 손가락 명암 개체 만들기 2

[엄지, 손바닥 개체] 선택 - [도형병합] 한 후, 해당 개체를 복사해 줍니다.

곡선 도형을 이용해 해당 개체의 좌측 라인을 살짝 가려주는 타입의 도형을 만들어 주세요.

이 둘을 [교차] 해주면, ⑧번과 같은 형태의 명암 개체를 추가로 만들 수 있습니다.

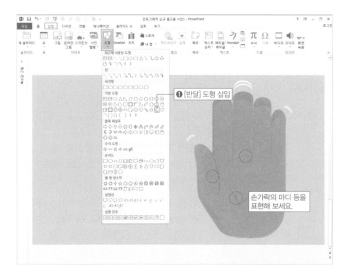

반달 도형으로 명암 표현하기

[삽입] - [도형 : 반달]을 통해 명암 개체를 만들어 보세요.

각각의 마디, 손금까지도 간단하게 표현할 수 있을 것입니다.

입체 타입 사람 아이콘 준비

플랫아이콘 packs 검색 기준으로 person 키워드로 검색해 보세요.

이와 같은 입체 타입의 사람 아이콘을 쉽게 찾을 수 있을 것입니다.

본 아이콘 소스의 경우 png 형식으로 다운 받아 활용하는 것이 편합니다.

※해당 아이콘 상세 URL
www.flaticon.com/free-icon/man_388237

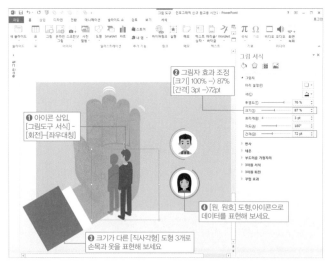

아이콘 삽입 - 그림자 효과 적용

png 형식의 사람 아이콘을 삽입 후 그림자 효과를 적용합니다.

그림자 효과 옵션 중 [오프셋 왼쪽]을 선택해 기본 적용 후, 각도 값을 제외한 모든 값을 조정합니다.

핵심은 [간격] 값으로, 이번 디자인에서는 3pt의 기본 값을 72pt로 높였습니다.

작업자가 가상으로 설정, 상상한 빛의 방향과 거리에 따라 그림자 효과의 각 값과 방향 등도 달리 설정될 수 있겠죠?

Chapter 3. [이제 나도 만든다] 알짜배기 인포그래픽 디자인 예시

최종 디자인 완성

사실 본 PPT에 사용된 점 편집, 셰이프 기능을 잘 사용해 보지 않은 분들에게 이와 같은 작업 방법은 결코 쉬운 것은 아닙니다.

한편으로는 굳이 그렇게까지 해야 되는가라는 생각도 하게끔 하지요.

편하게 적당한 아이콘을 찾아서 비슷하게 꾸미면 되지 않을까… 사실 그것이 합리적이기도 하고 작업 편의성을 높이며 숙련도에 따라 디자인 결과물도 더 좋을 수 있습니다.

하지만 분명한 건 이와 같은 연습 과정은 아이콘이 없어도 도형만 있다면 여러분들이 직접 무엇이든 만들 수 있게 도와주는 시작점이 될 수 있을 것입니다.

그걸 먼저 전하고 싶었습니다.

만드는 과정에 대한 보다 더 자세한 설명을 확인하고 싶다면 동영상 강의를 확인해 보세요.

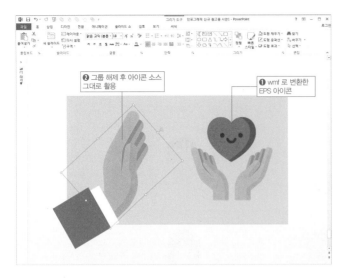

[응용 디자인 1]
아이콘을 그대로 이용해 보자.

아이콘을 그 자료에서 보여지는 모습 그 대로, 그 의미대로만 보지 않고 "이렇게도 쓰일 수 있겠는데?"라는 생각을 해보는 것이 큰 도움이 될 텐데요.

[응용 디자인]에 사용된 아이콘의 손은 약 간만 회전시키면 '멈춰'의 제스처로 표현 될 수 있지 않을까요?

그럼 아주 쉽게 우리가 이번 예시에서 담 고자 하는 그래픽을 완성시킬 수 있을 것 입니다.

※해당 아이콘 상세 URL
https://www.flaticon.com/free-icon/
give_1530861

[응용 디자인 1] 완성

이렇게 간단하게 완성된 [응용 디자인] 자료를 보니 앞서 만들어본 기본 디자인의 복잡한 과정이 참 의미 없어 보이기 도 할 것 같아요.

하지만 이는 기능, 기술적 부분과 함께 표현법에 대해 생각해 볼 수 있게 도와드릴 것이고요.

[응용 디자인]은 같은 것을 다르게 바라보고 해석할 수 있는 시각과 관점에 대해 생각해볼 수 있게 할 것입니다.

그 모든 것들이 인포그래픽 디자인에서 필요한 것들이고요.

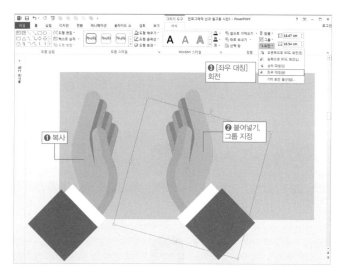

[응용 디자인 2]
손 아이콘을 다른 주제에
활용해 본다면

[응용 디자인 1]에서 활용한 아이콘을 손 씻는 모습으로 표현할 수 있지 않을까요?

응용1에서 만든 자료를 복사해 [좌우 대칭] 회전시키는 것으로 양손을 만들어 줍니다.

※회전 시, 각 개체의 위치, 비율이 유지될 수 있도록 [그룹 지정] 후 진행해 주세요.

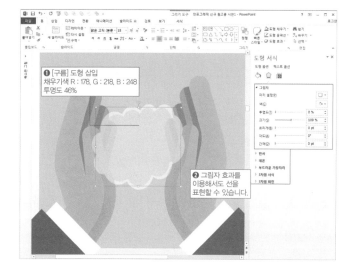

물과 거품 모양 만들기 1

[구름] 도형을 이용해 손 씻을 때 보여지는 물의 모습을 단순하게 표현해 줍니다.

채우기 색에는 투명도를 주어 손 아이콘의 모습이 비춰질 수 있도록 하면 더 사실적이겠지요?

⬤ R : 178, G : 218 B, : 248

테두리의 투명한 흰색 라인 역시 선 채우기를 이용해 만들 수 있겠지만, 그림자 효과를 이용할 수도 있습니다.

※그림자 효과 이용 시 세부 설정 값
– 미리 설정 : 바깥쪽, 오프셋 가운데
– 크기 : 102% –> 109%
– 투명도, 흐리게 값 0으로 수정

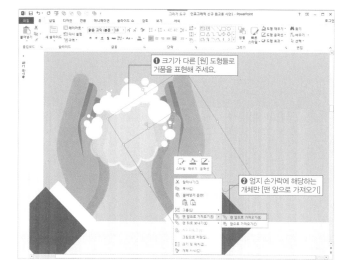

물과 거품 모양 만들기 2

[원] 도형을 이용해 거품 모양을 만들어 보세요.

이 때 크기가 다른 3~4가지의 원을 이용하면 더 예쁘게 디자인될 수 있습니다.

조금 더 사실적인 느낌을 표현하고 싶다면, 손 아이콘을 그룹 해제 후 엄지 손가락에 해당하는 개체만 [맨 앞으로 배치]해보세요.

물을 손 안에 담고 있는 것처럼 표현될 것입니다.

※이 경우 옷을 표현한 화이트, 블루의 직사각형 개체를 다시 맨 앞으로 배치해줄 필요가 있습니다.

[응용 디자인 2] 완성

같은 손이라는 그래픽 소스를 이용했지만, 그것을 만드는 방법, 또 어떤 소스를 이용할 것인지에 따라 그래픽의 느낌이나 성격, 그리고 작업의 편의성과 완성본의 이미지까지 모두 달라지는 것을 확인할 수 있습니다.

약간 회전시켜주는 것만으로도 다른 주제들을 표현할 수 있게도 해주고요.

이번 강의에서 어렵고 불편한 방법을 먼저 소개했던 이유는 결국 하나의 대상을 다르게 바라볼 수 있는 시각, 그리고 응용력을 기를 수 있기를 바라는 마음이었음을 다시 한번 전하고 싶습니다.

다 만들어진 아이콘만을 가져다 쓴다면 순간의 작업은 편하겠지만, 결코 내가 원하고 상상하는 것을 만들 수는 없을 거예요.

떠먹여 줘야만 밥을 먹을 수 있다면, 디자인에 대한 배고픔이 있을 때 우린 아무것도 하지 못할 테니까요.

안전벨트 착용의 중요성, 어떻게 전할까

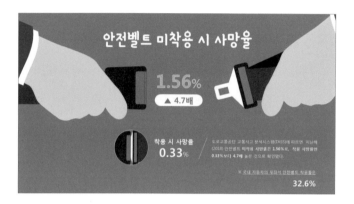

눈길을 사로 잡는 색상, 그리고 아주 명확한 그래픽을 통해 내용을 전달하는 것은 인포그래픽 디자인에서 가장 기본이 되어야 할 사항입니다.

전달하고자 하는 주제, 정보를 직관적으로 보여줄 때 정보에 대한 도달률 자체가 높아질 수 있을 텐데요.

안전벨트 착용과 같이 그 주제가 명확할 경우 그 데이터와 그래픽은, 복잡하고 난해하기보다는 대표성을 갖는 것으로써 단순히 처리하는 것이 더 효과적일 수 있을 것입니다.

주제를 보고 가장 먼저 떠오르는 그것을 그냥 담아내는 것이죠.

그것이 옳은 이유는 나뿐만 아니라 모두가 그것을 떠올리기 때문일 것입니다.

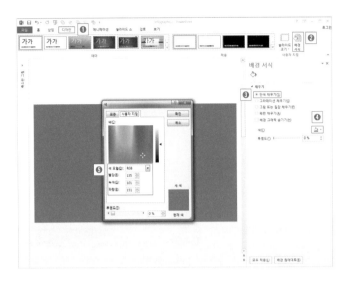

배경색 채우기

[디자인] 탭 - [배경 서식] - [채우기 : 단색
채우기] - [다른 색 채우기] - [사용자 지정
RGB 컬러]

RGB 색상 정보

● R : 135, G : 101, B : 151

배경색에 따라 분위기가 달라지는 것은
당연할 텐데요. 컬러를 통해 주제의 성격,
전달하고자 하는 메시지를 표현해 보는
것도 좋습니다.

레드, 옐로우, 오렌지 계열의 색상은 이
주제에서 경고의 의미를 담을 수 있게도
해줄 것입니다.

안전벨트 만들기1

[직사각형, 사다리꼴] 도형을 삽입해 각각
다른 밝기의 그레이 컬러로 색상을 채워
주세요.

[사다리꼴] 도형의 경우 [연결점 종류 : 원
형], [두께 : 20pt ※상대값]의 선을 지정
해 모서리를 둥글게 표현할 수 있습니다.

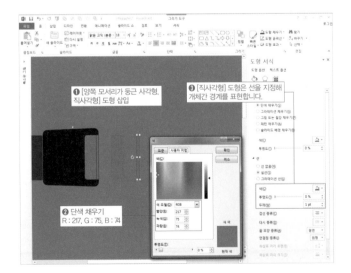

벨트 버튼 만들기

[양쪽 모서리가 둥근 사각형]은 반시계 방
향으로 90도 회전해 배치하고 [직사각형]
도형을 겹쳐 배치해 테두리 선을 지정해
줍니다.

채우기 색 RGB 색상 정보

● R : 217, G : 75, B : 74

※선 색상은 위 색상을 기준으로 사용자 지정 탭
에서 좀 더 어두운 색상을 지정합니다.

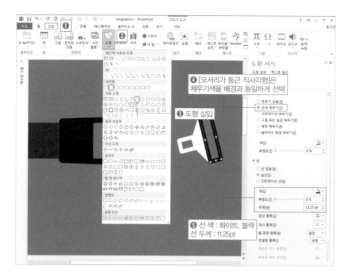

안전벨트 만들기2

[모서리가 둥근 직사각형, 사다리꼴] 도형을 이용해 안전벨트의 고리 부분을 만들 수 있습니다.

2개의 모서리가 둥근 직사각형은 채우기 색을 배경 컬러와 동일하게 처리하고 굵은 테두리 선을 지정함으로써 실제 빈 공간을 가진 개체가 아니지만 채우기 색상을 통해 구멍이 난 고리의 모양을 표현할 수 있습니다.

채우기, 선 색상 모두 기본 화이트, 블랙입니다.

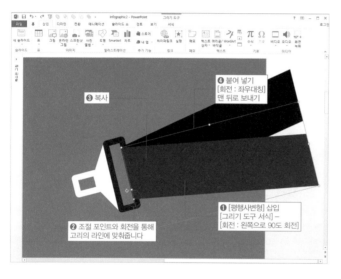

안전벨트 끈 만들기

[평행 사변형]은 원근감을 가진 입체 형태를 표현하는데 주로 사용되는 도형으로 회전 각도와 대칭, 색상이 다른 2개의 개체를 이용하면 안전벨트 끈의 앞, 뒤쪽의 라인을 표현할 수 있습니다.

맨 뒤로 배치되는 개체의 경우, 블랙 컬러를 선택해 명암, 원근감을 살려주세요.

손 아이콘 준비

무료 아이콘 사이트인 플랫아이콘 (https://www.flaticon.com/)에서 rope 키워드로 검색해 본 자료를 EPS 형식으로 다운 받습니다.

※PPT에서 활용할 수 있도록 다운 받은 EPS 파일은 emf 또는 wmf 파일 형식으로 변환해주세요.

※예제에 사용된 아이콘 상세 URL
https://www.flaticon.com/free-icon/rope_609164

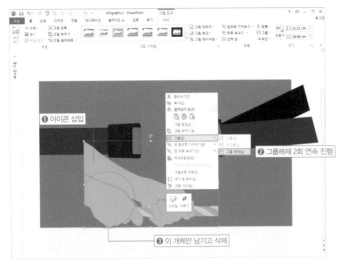

아이콘의 불필요한 개체 삭제

wmf/emf 형식으로 변환해 슬라이드에 삽입한 아이콘은 [그룹해제]를 2회 연속 진행해 모든 개체를 분리시킵니다.

로프를 잡고 있는 손 중 오른손에 해당하는 개체만 남기고 나머지는 모두 삭제합니다.

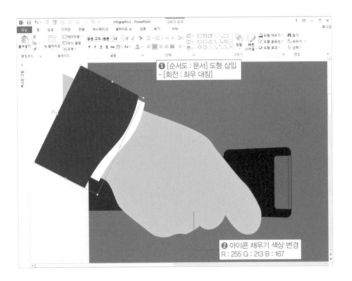

옷 소매 만들기 - 선택적 진행

작업해온 안전벨트, 손 아이콘의 사이즈에 따라 본 작업은 필요하지 않을 수 있습니다.

[순서도 : 문서] 도형 삽입 - [회전 : 좌우 대칭]

크기, 색상을 달리한 2개의 도형을 이용해 옷의 소매를 만들어 보세요.

손 채우기 색상 RGB 정보
● R : 255 G : 213 B : 167

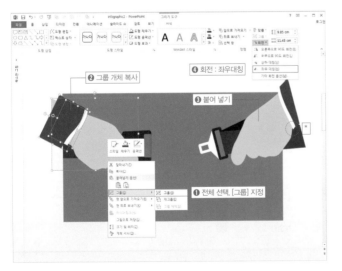

양손 만들기 - 손 모양 복사

손 아이콘과 소매를 표현한 도형을 모두 선택해 [그룹] 지정해줍니다.

이는 반대쪽 손을 만들기 위해 복사 후 회전시켜주어야 하는데, 그룹으로 묶여 있지 않을 경우에는 각 개체가 독립적으로 회전되면서 본래의 형태, 비율 등을 잃게 되기 때문입니다.

※소매 부분의 형태 변화
복사한 그대로 두는 것도 괜찮지만 점 편집을 통해 라인에 변화를 준다면 양 손의 차이를 표현하기에 좋을 것입니다.
다만 슬라이드 영역에 들어오지 않는 경우에는 삭제해도 무관합니다.

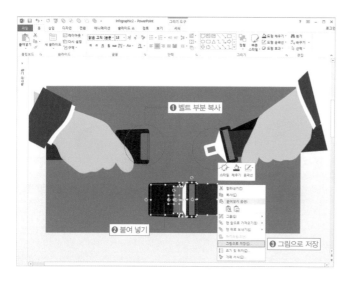

채워진 안전벨트 만들기

안전벨트 착용 시, 그리고 미착용 시의 상반된 데이터, 정보를 담기 위한 사전 그래픽 작업으로 전체 디자인 개체를 복사해 새로운 것을 만들기보다는 좀 더 합리적이고 편한 방식으로써 '착용 상태'의 그래픽을 만들고자 했는데요.

깔끔한 라인 정리, 레이아웃을 위해 원 도형 안에 벨트를 착용한 상태의 모습을 담고자 합니다.

안전벨트 개체들을 모두 복사, 붙여 넣기하고 양쪽이 체결된 모습으로 배치해 주세요.

핵심은 [그림으로 저장하기]

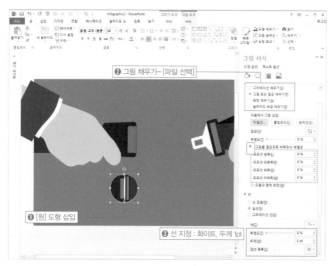

그림 채우기

[원] 도형 안에 이미지를 채우는 방식으로 작업을 진행해 보세요.

앞선 과정에서 미리 저장해둔 이미지 파일을 선택하는 것만으로도 원 안에 그 모습을 담을 수 있을 것입니다.

※비율이나 위치가 맞지 않을 경우, 오프셋 값들을 통해 조정 가능합니다.

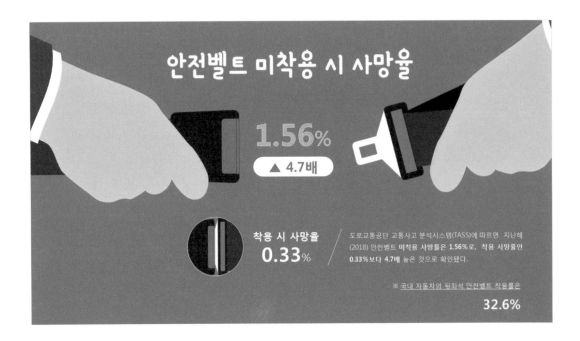

최종 디자인 완성

텍스트를 이용해 본 인포그래픽의 정보들을 정리할 때, 특히 크기에 신경 쓰는 것이 가장 기본이 될 텐데요.

가장 중요하고, 강조되어야 될 내용과 서브 내용을 크기로, 추가적으로는 강조 색상을 이용해 명확히 구분지어 주는 것이 좋겠습니다.

원본 파일을 다운받아 연습해 보세요.
pptbizcam.co.kr/?p=6046
비밀번호 qwasdl23

LESSON 20

그래픽으로 레이아웃을
나눠보자

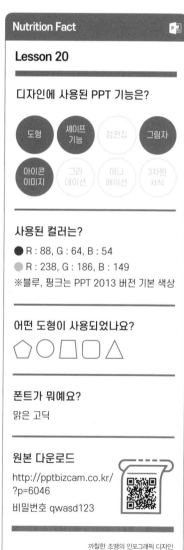

인포그래픽에서의 그래픽은 단지 이미지로서의 역할만을 하는 것이 아니라 그것의 배치에 따라서는 레이아웃을 나누고 또 강조하고자 하는 부분으로 시선을 유도하는 기능까지 할 수 있는데요.

이는 작업자가 메인 그래픽을 어디에 어떻게 배치하느냐에 따라서 기대할 수 있는 것이겠지요.

보통 우리가 사진, 그림 등 그래픽 소스들을 메인이 아닌 서브로 생각하고 단순히 꾸며주는 역할만을 한다고 생각하기에 사이드 쪽으로 배치하는 것이 일반적인데, 인포그래픽에서만큼은 보다 더 메인에 두어 적극적으로 정보와 이미지, 분위기를 표현하는데 사용해도 좋겠습니다.

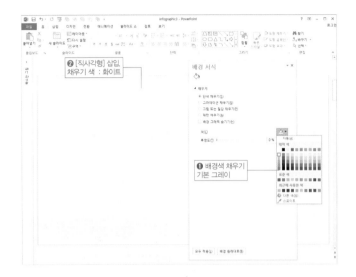

배경색 채우기

기본 그레이 색상으로 슬라이드 배경색을 채워주고, [직사각형] 도형을 삽입해 상단 레이블 영역을 만들어 줍니다.

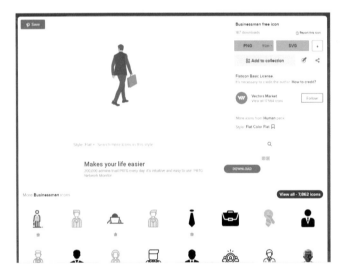

사람 아이콘 준비

무료 아이콘 사이트인 플랫아이콘 (https://www.flaticon.com/)에서 packs 검색 기준에서 Human 또는 Human Resources 키워드로 검색하면 일러스트 급의 사람 아이콘들을 많이 찾아볼 수 있습니다.

※PPT에서 활용할 수 있도록 다운 받은 EPS 파일은 emf 또는 wmf 파일 형식으로 변환해주세요.

※예제에 사용된 아이콘 상세 URL
https://www.flaticon.com/free-icon/businessman_606650
https://www.flaticon.com/free-icon/promotion_608945

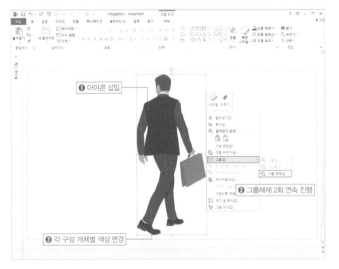

아이콘 삽입, 색상 변경

아이콘 자체의 완성도는 굉장히 높은 소스이지만 색상은 예쁘지가 않죠?

wmf나 emf로 변환한 EPS 아이콘을 삽입해 [그룹해제]를 시켜주면 각 구성 개체를 선택 및 수정할 수 있습니다.

아래의 색상 정보를 바탕으로 색상을 변경해 보세요.

아이콘 채우기 색상 RGB 정보
- [옷] PPT 2013 기본 색상 중 네이비
- [가방] R : 88, G : 64, B : 54
- [피부] R : 238, G : 186, B : 149

※본 메인 색상을 바탕으로 [사용자 지정] 탭을 통해 밝기 차이를 갖는 명암색을 활용해 보세요.

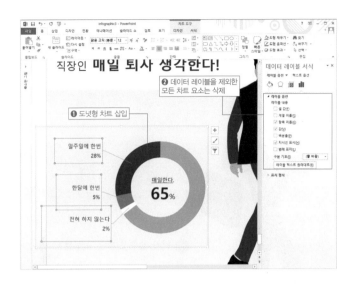

차트 삽입 - 도넛형

[삽입] - [차트] - [원형 : 도넛형] 차트를 삽입한 후 데이터 레이블을 제외한 제목, 범례 등 기타 차트 요소들은 모두 삭제 (미선택) 해줍니다.

데이터 레이블 내용 설정 상세
항목이름, 값, 지시선 표기 : 체크 (선택)
구분기호 : 줄 바꿈

최종 디자인 완성

텍스트, 기본 도형을 이용해 상세한 내용을 정리해 주는 것으로 디자인 작업을 마무리합니다.

모든 데이터, 텍스트 정보가 하나의 레이아웃에 담겨졌다면 본 디자인 예시는 좀 더 답답해 보였을 것입니다.

하지만 가운데 배치한 메인 그래픽은 자연스럽게 레이아웃을 좌우로 분할시켜 주었고, 이를 통해 각 항목별 내용을 별도로 정리할 수 있게 해주어 정돈된 느낌을 줄 수 있게 했습니다.

또한 가운데 배치된 그래픽과 그것의 시선 속 제목은 자연스럽게 주제와 분위기를 전달할 수 있게 하지 않았나 생각합니다.

원본 파일을 다운받아 연습해 보세요.
pptbizcam.co.kr/?p=6046
비밀번호 qwasdl23

[응용 디자인] 그림자 레이아웃

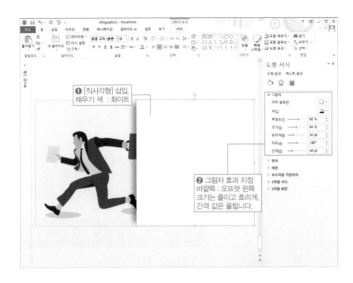

그림자 효과는 입체감, 공간감을 표현하는 아주 좋은 방식인데요. 이번 디자인 예시에서 그것을 활용할 수 있는 2가지가 더 있을 것 같습니다. 레이아웃을 구분 짓는 이번 강좌의 핵심 외에도 '퇴사'라는 주제로부터 생각할 수 있는 '탈출'의 이미지를 그래픽에 함께 전달할 수 있을 테니까요.

그림자 효과 설정 값 상세
바깥쪽 : 오프셋 왼쪽
크기 : 100% –〉94%
흐리게 : 4pt –〉30pt
간격 : 3pt –〉46pt

※도형 크기에 비례하므로 절대값은 아닙니다.

[응용 디자인] 완성

[응용 디자인]이 함께 보여주는 것은 그래픽(아이콘)이 주제는 물론이고 담고 있는, 전하고자 하는 정보의 성격과 이미지를 대표하고 또 달라지게 할 수 있다는 것인데요.

기본 디자인이 단순한 고민 정도의 수준의 이미지를 전한다면, [응용 디자인]은 좀 더 적극적이고 크게 고민하며 고통스러워 하고 있는 이미지를 전해주는 것 같지 않나요?

인포그래픽 이력서로
나를 어필하자

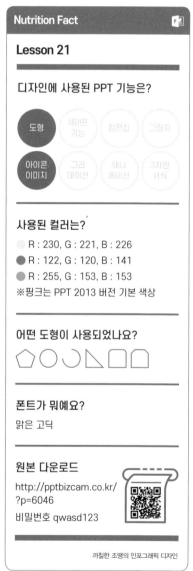

이제는 온라인 채용 사이트를 통해, 또는 정해진 회사 양식에 맞춰 이력서를 작성, 제출하기에 그 필요성에 대해 느끼지 못하는 경우가 많을 것 같습니다. 하지만 포트폴리오 형식으로서 별도의 이력서를 첨부해 제출해 보신다면 인사담당자에게 자신을 충분히 각인시키고 오피스, 디자인, 기획 능력까지 어필할 수 있을 것입니다. 인포그래픽 형식의 이력서는 말입니다.

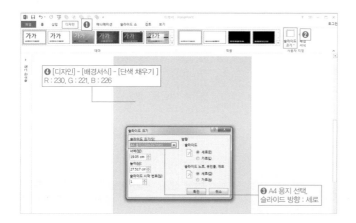

슬라이드 크기 조정 및 배경색 채우기

A4 세로형의 이력서의 일반적 문서 형식을 위해 [디자인] - [슬라이드 크기 : A4]로 변경해 줍니다.

슬라이드 배경 색상 RGB 정보

R : 230, G : 221, B : 226

사람 아이콘 준비

무료 아이콘 사이트인 플랫아이콘 (https://www.flaticon.com/)에서 packs 검색 기준에서 wedding couple 또는 people avatar set 키워드로 검색해 필요한 소스를 찾아보세요.

※PPT에서 활용할 수 있도록 다운 받은 EPS 파일은 emf 또는 wmf 파일 형식으로 변환해주세요.

※예제에 사용된 아이콘 상세 URL
https://www.flaticon.com/free-icon/wedding-couple_146464
https://www.flaticon.com/free-icon/man_146031

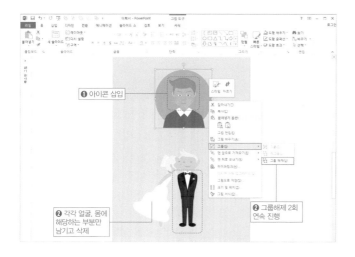

아이콘 삽입, 필요한 부분만 남기기

wmf나 emf로 변환한 EPS 아이콘을 삽입해 [그룹해제]를 2회 연속 시켜주고 필요한 부분만 남겨 줍니다. 2가지의 아이콘을 찾아서 선택한 이유는 몸, 얼굴을 따로 얻어 둘을 합쳐 새로운 디자인 타입을 만들기 위함인데요.

첫 번째 아이콘에서는 얼굴만, 하단 웨딩 테마의 소스에서는 신랑의 몸 부분만을 사용할 것입니다. 따라서 예제의 소스뿐만 아니라 people 아이콘들이 많고 다양하니 원하는 타입으로 조합해 여러분만의 디자인 개체를 만들 수 있을 것입니다.

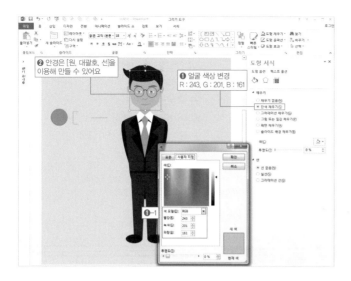

아이콘 조합, 색상 변경하기

앞선 과정을 통해 만들어진 얼굴, 몸통의 아이콘 개체를 비율을 맞춰 하나로 합쳐 줍니다.

그냥 새로운 얼굴을 몸에 넣어주는 개념이겠지요?

얼굴 색상의 톤을 좀 밝게 처리해 줬으며 안경은 [원, 대괄호, 선]을 조합해 쉽게 만들 수 있습니다.

얼굴 색상 RGB 정보

◉ R : 243, G : 201, B : 161

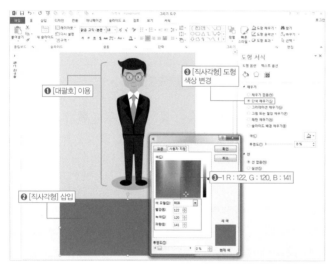

기본 레이아웃 설정

사람 아이콘이 공간을 좌우로 나눠주는 역할을 하지만 이력서 항목별 성격에 따라 추가적으로 레이아웃을 나눠주어야 될 때도 있을 거예요.

간단히 [직사각형] 도형의 박스 타입뿐만 아니라, [대괄호, 중괄호] 등도 유용하게 쓰일 수 있을 것입니다.

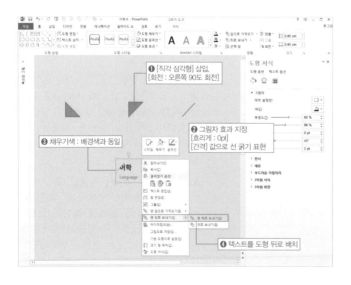

항목 레이블 디자인 방법

그림자 효과를 이용해 한쪽 면에만 마치 선을 그려 넣은 것 같은 효과를 낸 방법입니다.

텍스트의 일부를 가리는 항목 레이블의 디자인 개체를 만들기 위해 이와 같은 방법을 사용한 것인데요.

[흐리게] 값을 0pt로 조정하고

[간격] 값을 통해 선으로 표현될 그림자의 크기를 조정해 보세요.

그것이 선의 굵기가 될 것입니다.

※도형 크기에 따른 상대 값이기 때문에 직접 그림자 효과의 각 옵션값을 조정해 보는 것이 좋겠습니다.

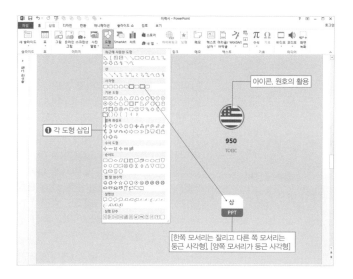

내 스펙을 인포그래픽으로 만드는 방법

텍스트를 그래픽화하는 것, 또는 그 텍스트가 더 돋보이도록 하는 것 모두 인포그래픽적 디자인 방식일 텐데요.

어학 성적 등은 해당 언어의 [국가 아이콘]과 함께 원호를 이용해 차트 형식으로 그 수준을 표현해 볼 수 있습니다.

오피스 프로그램 역시 아이콘을 이용할 수 있는데요. 하지만 아이콘이 과도하게 많아지는 것 또한 정보 전달에 있어서 혼란스럽게 만들기도 하는데 특히 항목이 많은 이력서에서는 더 그럴 수 있겠죠?

도형으로 깔끔한 디자인 레이블을 만들어 정리해 보세요.

※예제에 사용된 국가 아이콘 상세 URL
https://www.flaticon.com/packs/countrys-flags

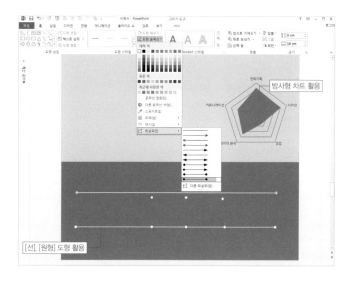

그래프, 프로세스로 능력과 경험 정리하기

[방사형 차트]는 개인적 역량이나 성격 등을 정리하는데 아주 좋은 종류라 생각합니다.

긴 문장으로 서술할 수밖에 없을 나의 능력이나 장단점들을 차트 형식으로 표현해 보면 어떨까요.

학력, 경력 등의 내용들은 하단으로 나열하는 방식의 일반적 구성도 좋지만 프로세스나 연혁 타입으로 정리한다면 보다 더 그 전체의 과정을 이해하는데 도움이 될 것입니다.

최종 디자인 완성

나머지 텍스트 항목들은 큰 설명이 필요 없겠지요?

글씨의 크기나 간격, 그리고 볼드 처리를 통한 강조까지 디테일에 신경쓰면서 내용을 정리하면 되겠지만 특히 강조하고 싶은 사항은 '간격'입니다.

어떠한 문서든 그것이 깔끔하고 정돈된 느낌을 주며 보기 좋게 보여지게 하는데 있어 기본은 물론 위에서 전한 크기 역시 중요하겠지만 크기가 크더라도 충분한 간격과 여백이 있으면 답답하거나 정신 없어 보이지는 않거든요.

따라서 최대한 각 텍스트, 그래픽 소스간 최대한 충분한 여백을 줄 수 있도록 구성, 고민하는 노력이 필요하겠습니다.

원본 파일을 다운받아 연습해 보세요.
pptbizcam.co.kr/?p=6046
비밀번호 qwasd123

LESSON 22

가계부채 인포그래픽 디자인

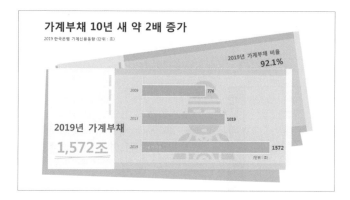

Nutrition Fact

Lesson 22

디자인에 사용된 PPT 기능은?

도형 　세이프 기능 　점편집 　그림자

아이콘 이미지 　그라 데이션 　애니 메이션 　3차원 서식

사용된 컬러는?

R : 185, G : 229, B : 212

※옐로우는 PPT 2013 버전 기본 색상

어떤 도형이 사용되었나요?

폰트가 뭐예요?

맑은 고딕

원본 다운로드

http://pptbizcam.co.kr/
?p=6046

비밀번호 qwasd123

까칠한 조땡의 인포그래픽 디자인

핵심 정보를 그래픽으로써 표현하는 방식도 있지만, 우리가 일반적인 PPT를 만들 듯 배경의 역할로써 존재하고 만들 수 있다는 것도 쉽게 생각해볼 수 있는 것이겠지요.

또한 그것은 전체 내용 속에서 어떤 구체적 내용에 집중하는 가에 따라 디자인의 콘셉트가 달라질 수 있을 것입니다.

가계부채에 대한 인포그래픽을 디자인한다면, 보통 집과 돈 이 두 가지가 떠오를 텐데요.

이번 강의에서는 사각형 프레임을 가져 배경으로 활용하기 좋은 지폐를 콘셉트로 만들어 보도록 하겠습니다.

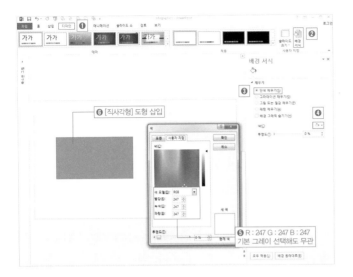

배경색 채우기, 도형 삽입

기본 그레이 색상 또는 본 예시 기준 RGB 각 247 값으로 슬라이드 배경색을 채워주고, [직사각형] 도형을 삽입해 지폐 모양을 만들 준비를 해줍니다.

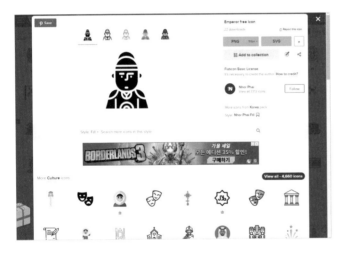

임금 아이콘 준비

무료 아이콘 사이트인 플랫아이콘 (https://www.flaticon.com/)에서 Emperor 등의 키워드로 검색하면 이번 디자인 예시에서 사용한 소스를 쉽게 찾을 수 있습니다.

※EPS 파일 형식을 이용해도 되고 블랙의 PNG 형식으로 다운 받아도 됩니다.

※예제에 사용된 아이콘 상세 URL
https://www.flaticon.com/free-icon/emperor_2090082

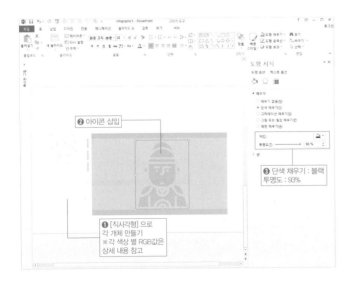

아이콘 삽입, 지폐 모양 만들기

[직사각형] 도형의 조합으로 쉽게 지폐의 모양을 만들 수 있을 것입니다.

채우기 색상의 경우, 아이콘이 배치된 개체의 컬러를 기준으로 [다른 색 채우기] – [사용자 지정] 탭에서 명암이 다른 색상을 선택해 주면 되는데요.

참고로 모든 채우기 색에 대한 정보를 아래에 남겨드립니다.

지폐 도형 채우기 색상 RGB 정보
    R : 235, G : 255, B : 243
⬤ R : 185, G : 229, B : 212 *기준값
⬤ R : 162, G : 217, B : 194

※본 디자인 예시에서 아이콘은 EPS 형식을 이용했습니다.

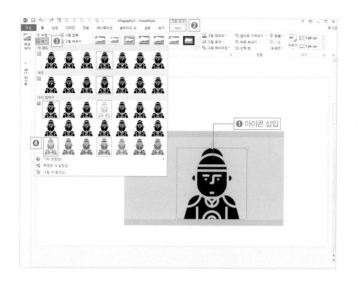

Tip. PNG 아이콘을 이용할 경우

[그림 도구] - [색] - [그레이 톤 옵션 선택]
으로 색상을 간단히 변경해 주세요.

색상 변경이 자유롭지는 않은 단점이 있
지만, EPS 아이콘과 달리 wmf/emf 형식
으로 변환해야 되는 과정을 거치지 않아
도 되기 때문에 작업 효율은 더 좋습니다.

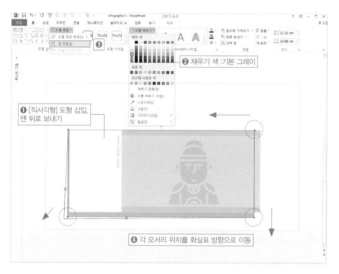

그림자 만들기

[직사각형] 도형을 지폐 그림 뒤로 배치해
점 편집하는 것으로 그림자 효과를 담당
하는 개체를 만들어 줍니다.

좌측 하단의 모서리의 위치 이동은 우측
상하단의 이동 수준보다 적게 진행해 주
세요.

※지폐의 사각형 도형에 그림자 효과를 이용해
쉽게 그림자를 만들 수 있지만, 그림자 형태의 차
이 때문에 느낌이 다르다는 것을 알 수 있을 것
입니다.

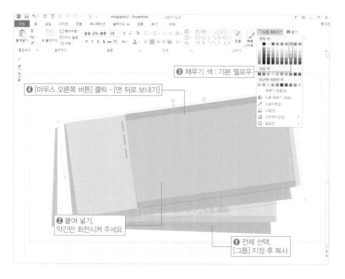

5만원 지폐 만들기 -
서브 디자인

동일한 색상과 디자인이 반복되면 인포그
래픽 자체가 좀 지루해질 수 있는데요.

주제 속에서 변화를 줄 수 있는 대상이나
색상, 콘셉트를 찾는 것이 좋을 텐데, 이
번 예시에서는 기본 옐로우 색상들을 이
용해 5만원권 지폐를 만들어 서브 디자인
요소로 활용했습니다.

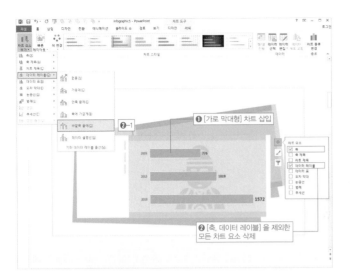

차트 삽입

[삽입] - [차트] – [가로 막대형] 차트를 삽입해 축, 데이터 레이블을 제외한 모든 차트 요소를 삭제 또는 선택 해제 합니다.

데이터 채우기 색상 RGB 정보
● R : 84, G : 192, B : 151

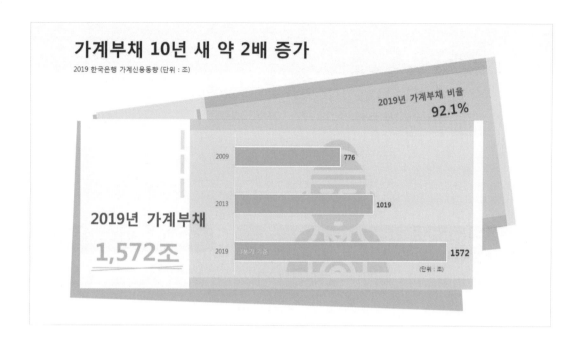

최종 디자인 완성

나머지 핵심 텍스트 내용들을 정리해 넣는 것으로 디자인을 마무리합니다.

이 예시를 통해 인포그래픽이 배경의 역할을 할 수 있으며, 그런 성격으로 디자인될 수도 있다는 점을 확인하는 기회가 되기를 바랍니다.

원본 파일을 다운받아 연습해 보세요.
pptbizcam.co.kr/?p=6046
비밀번호 qwasd123

비유적 표현을 인포그래픽
콘셉트로 활용하기

Nutrition Fact

Lesson 23

디자인에 사용된 PPT 기능은?

도형 　 셰이프 기능 　 점편집 　 그림자

아이콘 이미지 　 그라 데이션 　 애니 메이션 　 3차원 서식

사용된 컬러는?
● R : 132. G : 151. B : 176
● R : 82. G : 112. B : 198
※그 외 컬러는 PPT 2013 버전 기본 색상

어떤 도형이 사용되었나요?
□ (∨

폰트가 뭐예요?
야놀자 야체

원본 다운로드
http://pptbizcam.co.kr/
?p=6046
비밀번호 qwasd123

까칠한 조땡의 인포그래픽 디자인

"그거 완전 껌이네~" 라는 구어적 표현은 '쉽다'라는 의미를 담고 있잖아요.
그러한 비유, 말로서 주제와 내용을 대표할 수 있는 것이라면 이 표현 속 상황 자체를 그래픽으로 활용해볼 수도 있지 않을까요?
물론 주제에 대한 대표성, 관련성에 있어서는 약점, 단점을 갖지만 재미와 함께 시선을 집중시키는 데 있어서는 효과적일 수 있을 것입니다.
자신 있고 가장 쉽다 생각하는 과목!
책이나 학생을 그래픽 콘셉트로 잡는 것이 식상하다면, 위트 있게 디자인해 봐도 좋을 것입니다.

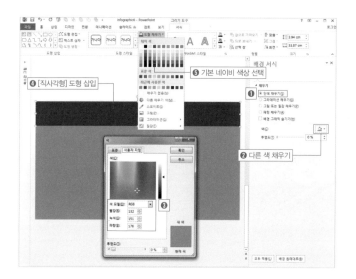

배경색 채우기 및 레이블 도형 삽입

배경색 채우기와 함께 [직사각형] 도형을 삽입해 소제목 레이블을 만들어 줍니다.

배경 RGB 색상 정보

● R : 132, G : 151, B : 176

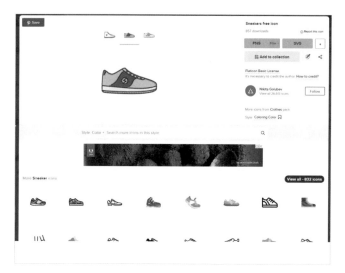

운동화 아이콘 준비

무료 아이콘 사이트인 플랫아이콘 (https://www.flaticon.com/)에서 sneakers 키워드로 검색해 원하는 아이콘을 PNG 형식으로 다운 받습니다.

※예제에 사용된 아이콘 상세 URL
https://www.flaticon.com/free-icon/sneakers_682906

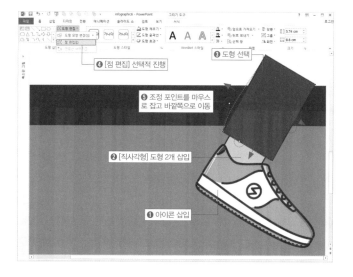

아이콘 삽입, 바지 모양 만들기

운동화 아이콘과 [직사각형] 도형 2개를 삽입해 발의 전체적 모습을 만듭니다.

각 개체는 약 45도 정도 회전 배치해 걷는 모습을 표현하면 좋겠지요?

[점 편집] 선택적 진행
직사각형 본래의 모양 그대로 놔두고 디자인 작업을 마무리해도 상관 없습니다.

단, 좀 더 바지의 유연한 느낌을 담고자 한다면 [점 편집]을 이용해 곡선의 라인을 살짝 만들어 보세요.

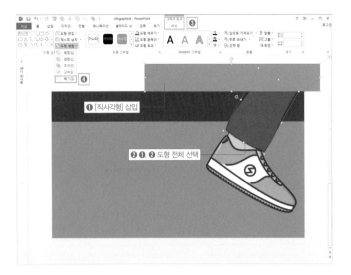

셰이프 기능을 통해 라인 정리

슬라이드 밖으로 벗어난 도형(바지)은 [직사각형] 도형을 삽입해 [그리기 도구 서식] - [도형 빼기]를 이용해 라인을 정리해 줍니다.

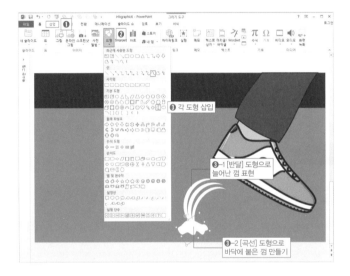

껌 모양 만들기

[반달] 도형으로는 늘어난 껌의 모양을, [곡선] 도형으로는 바닥에 붙은 껌의 모양을 표현할 수 있는데요.

바닥에 붙은 모양의 경우 기본 도형 중 [구름] 도형을 활용해도 되고, 또는 winter 키워드로 쉽게 찾을 수 있는 쌓인 눈 형태의 아이콘 소스를 이용해서도 표현할 수 있습니다.

곡선 도형을 이용해 직접 만들 때, 정답은 없으니 여러분의 느낌, 스타일대로 자유롭게 만들어 보세요.

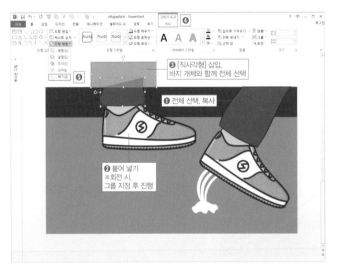

반대편 발 만들기

복사, 붙여 넣기를 통해 반대편 발을 만들어 줍니다.

회전, 위치에 있어 원근과 걷는 걸음의 모습을 표현하기 위해 작업 과정과 같이 정렬해주고 앞선 과정을 통해 알아봤듯 [도형 빼기]를 이용해 슬라이드 밖으로 벗어난 부분을 정리해 줍니다.

※바지에 해당하는 도형은 그대로 복사된 상태에서 세로를 높이면 마우스로 줄여둔 상태라 다르게 보일 수 있지만, 비율이 자연스럽게 달라져 다른 디자인 패턴을 쉽게 만들 수 있게 해주기도 할 것입니다.

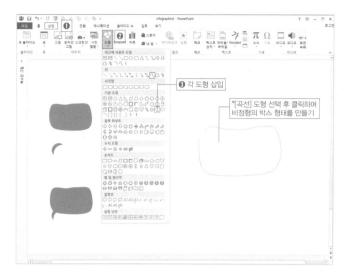

말풍선 도형 만들기

기본 도형 중에도 말풍선이 있지만, 디자인적으로 더 예쁘고 개성 있게 만들고 싶다면 이번에도 다시 [곡선, 반달] 도형을 이용해 보세요.

[반달] 도형은 지시선의 역할을 해줄 것이며, [곡선] 도형을 이용한 박스 형태 제작은 역시나 답이 없을 것입니다.

여러분의 느낌을 살려 보세요.

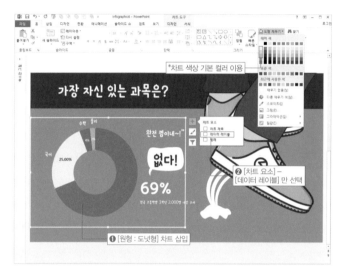

차트 삽입 및 내용 정리

[삽입] - [차트] - [원형 : 도넛형] 차트를 이용해 데이터를 정리합니다.

차트 요소의 경우 [데이터 레이블]만을 선택, 활용하고 나머지 요소들은 모두 선택 해제 및 삭제합니다.

차트 데이터 요소 채우기 색 RGB 정보

● R : 82, G : 112, B : 198

※보라색을 제외한 나머지 색상은 모두 PPT 기본 컬러 이용

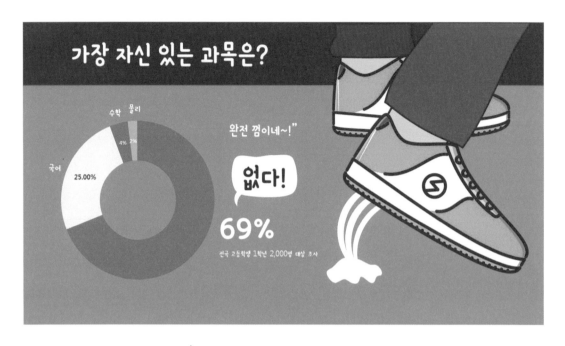

원본 파일을 다운받아 연습해 보세요.
pptbizcam.co.kr/?p=6046
비밀번호 qwasdl23

눈대중의 힘, 해석하지 않아도
정보를 파악할 수 있도록 디자인하기

눈대중으로, "저 줄이 좀 더 길어, 저기가 짧아, 사람이 더 많네" 등등 우리는 전체 속에서 상대적 차이를 통해 그것을 비교하는 것으로 정보를 해석하게 되는 경우들이 많습니다.

그렇다면 해석하기 어려운 텍스트, 표, 차트의 개념에서 벗어나 그 '눈대중'의 성격과 개념을 인포그래픽에 이용해 볼 수도 있지 않을까요.

이는 한편으로는 더 크고, 더 많은 곳으로 시선을 자연스레 이끌게 됨으로써 관련된 상세 정보에 더 집중해 볼 수 있도록 하는 긍정적 효과로 이어질 것입니다.

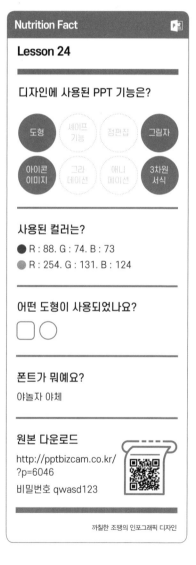

Nutrition Fact P

Lesson 24

디자인에 사용된 PPT 기능은?

도형 / 셰이프 기능 / 점편집 / 그림자
아이콘 이미지 / 그라데이션 / 애니메이션 / 3차원 서식

사용된 컬러는?
● R : 88. G : 74. B : 73
● R : 254. G : 131. B : 124

어떤 도형이 사용되었나요?

폰트가 뭐예요?
야놀자 야체

원본 다운로드
http://pptbizcam.co.kr/?p=6046
비밀번호 qwasd123

까칠한 조땡의 인포그래픽 디자인

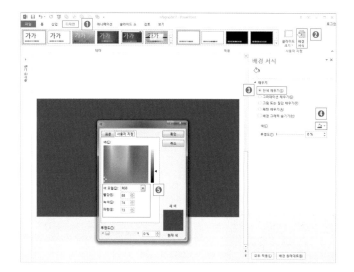

배경색 채우기

[디자인] **탭** – [배경 서식] – [채우기 : 단색 채우기] – [다른 색 채우기] – [사용자 지정 RGB 컬러]

RGB 색상 정보

● R : 88, G : 74, B : 73

사람 아이콘 준비

무료 아이콘 사이트인 플랫아이콘 (https://www.flaticon.com/)에서 avatar, people, person, human 등의 키워드로 검색해 자료를 EPS 형식으로 다운 받습니다.

※PPT에서 활용할 수 있도록 다운 받은 EPS 파일은 emf 또는 wmf 파일 형식으로 변환해주세요.

※예제에 사용된 아이콘 상세 URL

1. 얼굴 부분

https://www.flaticon.com/packs/young-avatar-collection

2. 몸통 부분

https://www.flaticon.com/packs/children-avatars

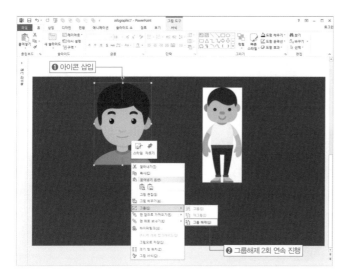

아이콘의 불필요한 개체 삭제

wmf/emf 형식으로 변환해 슬라이드에 삽입한 아이콘은 [그룹해제]를 2회 연속 진행해 모든 개체를 분리시킵니다.

각각 얼굴, 몸통을 따로 따로 사용할 것이며, 이를 조합해 새로운 타입의 사람 아이콘을 만들 거예요.

※단, 꼭 이와 같은 작업을 할 필요는 없습니다.

마음에 드는 스타일이 없을 경우, 또는 원하는 다양한 소스를 얻기 힘들 때만 이와 같이 진행하고 충분한 아이콘 소스를 다양하게 찾아볼 수 있다면 본래 그대로를 사용하는 것이 더 효율적입니다.

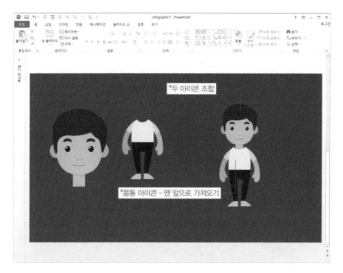

아이콘 조합하기

앞서 전해드렸듯 반드시 필요한 작업은 아닙니다.

원하는 타입의 아이콘이 없을 경우에만 각각의 아이콘들을 조합해 만들어 볼 수 있겠지요.

다른 얼굴과 몸통의 조합, 그리고 색상 변경을 통해 다양한 스타일의 사람 아이콘을 만들어 준비해 보세요.

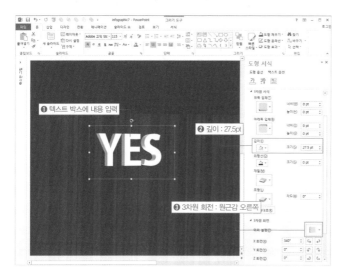

입체 텍스트 만들기

텍스트 박스에 원하는 내용을 적고 [도형 서식] - [텍스트 옵션]으로 들어가 [3차원 서식]과 [3차원 회전] 효과를 지정합니다.

※3차원 서식의 경우 위, 아래쪽 입체 서식을 선택할 필요 없이 [깊이] 값을 통해 부피감을 표현할 수 있는데요.

반드시 회전이 진행된 상태여야만 표현될 수 있습니다.

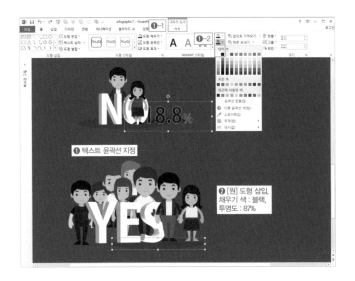

배치 및 강조 효과 내기

아이콘들을 서로 조합하고 또 색상 변경을 통해 다양하게 만든 사람 아이콘들을 입체 텍스트 박스의 주변으로 배치합니다.

사람 아이콘의 개수는 데이터의 값을 표현해 줄 것입니다.

최종 디자인 완성

원본 파일을 다운받아 연습해 보세요.
pptbizcam.co.kr/?p=6046
비밀번호 qwasdl23

4 인포그래픽 디자인에 도움되는 사이트

무료 PPT 템플릿 공유 사이트
무료 아이콘 사이트
무료 이미지 사이트
인포그래픽 참고 사이트
통계 사이트

APPENDIX

인포그래픽 디자인에 도움되는 사이트

PPT 인포그래픽 디자인 작업을 보다 더 쉽고 편하게 도와주는 아이콘, 이미지 자료 어디서 찾을 수 있을까요? 앞에서 함께 디자인 예시들을 살펴보고 연습하면서 무료로 다운받을 수 있는 완성도 높은 그래픽 소스의 힘을 느껴보셨을 텐데요. 정말 여기에 나의 기획만 더하면 충분히 재미있고 눈에 쏙쏙 들어오는 인포그래픽 디자인이 가능하지 않을까요?

"기억하고 계시죠? 인포그래픽의 기본은 정보라는 것!"

그래픽 소스와 함께 인포그래픽의 기본이 되는 정보, 특히 통계 자료들을 찾아볼 수 있는 사이트부터 인포그래픽 디자인을 참고할 수 있는 사이트까지 정리해 두었습니다. 눈으로 구경하고 찾고, 또 분석하고 기획해서 나만의 인포그래픽을 완성해 보세요.

APPENDIX 1

무료 PPT 템플릿 공유 사이트

PPT BIZCAM
🏠 http://pptbizcam.co.kr/

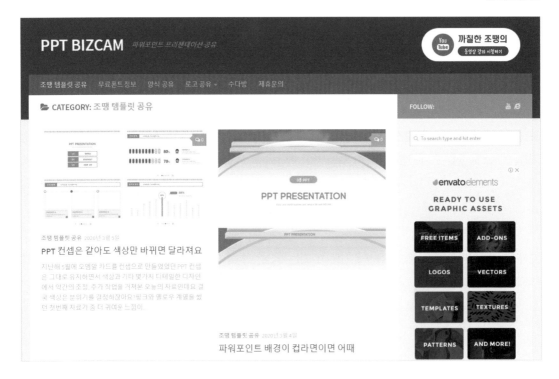

이 책의 저자인 저 조땡이 그 동안 만든 PPT 자료들을 수록해둔 무료 공유 사이트입니다. 기본 템플릿은 물론 디자인 그래프, 인포그래픽, 다이어그램 등 이 책에 소개된 양식 외에도 약 900여 개의 PPT 자료들이 사용, 구성 목적에 맞게 담겨 있습니다.

공유된 자료를 통해 인포그래픽 관점으로 기획하고 디자인하는 것이, 우리가 만드는 보통의 PPT 디자인을 어떻게 변화시키는지를 확인해 볼 수 있을 거예요.

*무료 폰트 정보 수록

무료 아이콘 사이트

다른 곳은 필요 없다. Flaticon
http://www.flaticon.com/

약 255만 개의 아이콘 자료를 무료로 다운로드할 수 있는 사이트입니다. 아이콘은 PNG, SVG, EPS, PSD의 다양한 파일 형식으로 다운받을 수 있으며, 일러스트 수준의 컬러 아이콘 자료들이 넘쳐납니다. 16~512 픽셀의 다양한 크기는 물론 흑백 아이콘은 내가 원하는 선택을 지정해 다운로드할 수 있도록 편의를 제공합니다.

파워포인트 디자인 시, 도형으로 사용할 수 있는 EPS 파일은 본 책 'Chapter 2. [인포그래픽 만들기] 전문적 기술 따윈 필요 없다' 내용을 참고해 Wmf/EMF 파일로 변환해 활용하면 디자인이 쉬워집니다.

APPENDIX 3

무료 이미지 사이트

Pixabay

🏠 https://pixabay.com/ko/

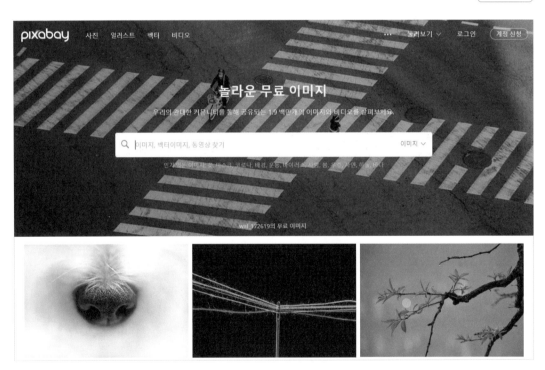

1,100만여 개의 이미지, 일러스트, 벡터, 비디오 자료를 수록하고 있습니다. 프리큐레이션 이전에, 아니 현재까지도 가장 많은 사용자들이 방문하고 이용하는 무료 이미지 사이트입니다. 다운로드를 위해 스팸 방지 문자를 기입해야 하는 약간의 불편함이 있습니다.

그 외 무료 이미지 사이트(종합 정리)

약 20여 곳의 무료 이미지 사이트에 대한 정보를 저 조땡의 PPT 공유 사이트인 PPTBIZCAM에 정리 및 링크해 두었습니다. '무료 폰트' 카테고리의 공지사항을 참고해 주세요.

인포그래픽 참고 사이트

정책 브리핑 카드, 인포그래픽 뉴스
🏠 http://korea.kr/news/visualNewsList.do

정부가 운영하는 인포그래픽 뉴스 사이트로 현재 우리 주변에서 일어나고 있는 사회, 경제, 문화, 스포츠 등의 모든 이슈들에 대해 가장 빠르고 트렌디한 디자인으로 정보를 제공해 주고 있습니다.

조선일보 인포그래픽 뉴스
🏠 http://thestory.chosun.com/

텍스트 문서, 정보의 대표인 신문이 어떻게 비주얼라이징된 인포그래픽으로 그 정보를 정리하고 표현하는지 확인해 보세요.
인포그래픽을 이해하는데 있어 큰 도움이 되는 사이트이며, 역시 사회 전반적인 주제를 다루고 있어 참고하기 좋습니다.

인포그래픽 웍스

🏠 http://infographicworks.com/project/

가장 트렌디한 인포그래픽 디자인을 만나볼 수 있는 사이트.

다만 조금은 복잡한 감이 있어 전체보다는 배경, 콘텐츠 요소로 나눠 참고할 수 있는 사항을 찾아보세요.

비주얼 다이브

🏠 http://www.visualdive.com/content_form/infographic-cat/

간단 명료하면서 깔끔한 디자인이 돋보이는 곳.

초,중급자 모두가 쉽게 접근해 볼 수 있는 인포그래픽을 확인해 보세요.

통계 사이트

국가 통계포털 KOSIS

http://kosis.kr/

인구, 사회, 노동, 보건과 교육, 주거, 경제 등 국가승인통계 전체를 데이터 베이스화해 제공하고 있어 인포그래픽의 기본이 되는 신뢰성 있는 '정보'를 쉽게 찾을 수 있습니다.

공공 데이터 포털

https://www.data.go.kr/

통계 즉 숫자 중심인 국가 통계 포털과 달리 텍스트 중심의 문서를 제공합니다.

통계 포털이 차트라면, 데이터 포털은 본문 텍스트 또는 그 차트의 기초 내용입니다.

한국은행 경제 통계 시스템

🏠 https://ecos.bok.or.kr/

통화, 금리, 소득, 물가 등 주요 경제적 통계 정보를 제공하며 이를 쉽게 확인할 수 있도록 그래프, 파일로 제공합니다.

네이버 데이터랩

🏠 https://datalab.naver.com/

현재의 트렌드, 관심사, 이슈를 가장 정확하고 신속하게 파악할 수 있는 것이 포털의 검색 데이터일 텐데요.

각 분야에 대한 세대별, 지역별 관심 키워드들을 확인할 수 있습니다.

나오는 글

그래서 고수는, 인포그래픽을 만든다

PPT 인포그래픽은 기존의 PPT와 결코 다르지 않습니다

단지, 차이가 있다면 얼마나 명확한가에 있을 거예요. 보통의 PPT에서 우리가 추상적인 분위기, 느낌을 디자인이라는 이름으로 포장하여 담아냈다면, 인포그래픽은 기획과 콘셉트를 보다 더 구체화시키고 비주얼라이징시켜 더 직관적으로 구성, 정리하는 작업이라는 차이가 존재할 뿐입니다.

그리고 사실 이것은 1차원적인 아주 낮은 수준을 바탕으로 해요. 예를 들면 학교나 학생에 대한 정보라면 그것을 그래픽에 담을 뿐이고, 그 안에서 정보를 담아낼 도구들을 선택하는 거지요. 혹은 동그란 그래프이니 동그란 바퀴를 보며 그것에 그래프를 담아볼까 하는 식의 그냥 의식의 흐름대로의 작업이랄까요. 그래서 오히려 더 만들기 쉬운 것이 인포그래픽이라 생각합니다.

무료 아이콘과 같은 수준 높은 그래픽 소스를 쉽게 찾아 사용할 수 있는 현재의 조건에서 PPT 인포그래픽은 마땅히 나아가야 할 가장 효율적이면서도 효과적인 방향이지 않을까요.

고수는 그래서 인포그래픽을 만듭니다. 떠오르는 생각을 있는 그대로 아이콘과 도형, 이미지를 활용해 그려내 보세요. 그리고 그 안에 정보를 담아보세요.

그 때, 모두가 더 쉽게 이해하고 공감할 수 있는 진짜 잘 만든 PPT가 완성될 것입니다.

여러분의 인포그래픽 디자인 실력이 향상되길 응원하며
까칠한 조땡 드림

까칠한 조땡의
인포그래픽 디자인

제1판 1쇄   2020년 10월 22일

지음   조현석
발행처   애드앤미디어
등록   2019년 1월 21일 제 2019-000008호
주소   서울특별시 영등포구 가마산로 50길 27
홈페이지   www.addand.kr
이메일   addandm@naver.com
교정교안   윤치영
디자인   얼앤똘비악 www.earlntolbiac.com

ISBN   979-11-971935-0-7 (03000)

애드앤미디어 는 당신의 지식에 하나를 더해 드립니다.